EDUCAÇÃO DIGITAL
NOVAS PRÁTICAS PARA NOVOS DESAFIOS

Editora Appris Ltda.
1.ª Edição - Copyright© 2024 das autoras
Direitos de Edição Reservados à Editora Appris Ltda.

Nenhuma parte desta obra poderá ser utilizada indevidamente, sem estar de acordo com a Lei nº
9.610/98. Se incorreções forem encontradas, serão de exclusiva responsabilidade de seus organi-
zadores. Foi realizado o Depósito Legal na Fundação Biblioteca Nacional, de acordo com as Leis nos
10.994, de 14/12/2004, e 12.192, de 14/01/2010.

Catalogação na Fonte
Elaborado por: Dayanne Leal Souza
Bibliotecária CRB 9/2162

F676e
2024
	Fonseca, Roseny Bezerra da Silva
	    Educação digital: novas práticas para novos desafios / Roseny Bezerra
	da Silva Fonseca e Ana Cláudia Ribeiro de Souza.
	        1. ed. – Curitiba: Appris, 2024.
	        100 p. : il. color. ; 21 cm.
	        (Coleção Educação, Tecnologias e Transdisciplinaridades).
	
	        Inclui referências.
	        ISBN 978-65-250-6502-1
	
	    1. Prática docente. 2. Cultura digital. 3. Formação pedagógica.
	I. Fonseca, Roseny Bezerra da Silva. II. Souza, Ana Cláudia Ribeiro de.
	III. Título. IV. Série.
	                                                        CDD – 370.11

Livro de acordo com a normalização técnica da ABNT

Appris
editora

Editora e Livraria Appris Ltda.
Av. Manoel Ribas, 2265 – Mercês
Curitiba/PR – CEP: 80810-002
Tel. (41) 3156 - 4731
www.editoraappris.com.br

Printed in Brazil
Impresso no Brasil

Roseny Bezerra Da Silva Fonseca
Ana Cláudia Ribeiro De Souza

EDUCAÇÃO DIGITAL
NOVAS PRÁTICAS PARA NOVOS DESAFIOS

Appris
editora

Curitiba, PR

2024

FICHA TÉCNICA

EDITORIAL	Augusto Coelho
	Sara C. de Andrade Coelho

COMITÊ EDITORIAL

Ana El Achkar (Universo/RJ)
Andréa Barbosa Gouveia (UFPR)
Antonio Evangelista de Souza Netto (PUC-SP)
Belinda Cunha (UFPB)
Délton Winter de Carvalho (FMP)
Edson da Silva (UFVJM)
Eliete Correia dos Santos (UEPB)
Erineu Foerste (Ufes)
Fabiano Santos (UERJ-IESP)
Francinete Fernandes de Sousa (UEPB)
Francisco Carlos Duarte (PUCPR)
Francisco de Assis (Fiam-Faam-SP-Brasil)
Gláucia Figueiredo (UNIPAMPA/ UDELAR)
Jacques de Lima Ferreira (UNOESC)
Jean Carlos Gonçalves (UFPR)
José Wálter Nunes (UnB)
Junia de Vilhena (PUC-RIO)

Lucas Mesquita (UNILA)
Márcia Gonçalves (Unitau)
Maria Aparecida Barbosa (USP)
Maria Margarida de Andrade (Umack)
Marilda A. Behrens (PUCPR)
Marília Andrade Torales Campos (UFPR)
Marli Caetano
Patrícia L. Torres (PUCPR)
Paula Costa Mosca Macedo (UNIFESP)
Ramon Blanco (UNILA)
Roberta Ecleide Kelly (NEPE)
Roque Ismael da Costa Güllich (UFFS)
Sergio Gomes (UFRJ)
Tiago Gagliano Pinto Alberto (PUCPR)
Toni Reis (UP)
Valdomiro de Oliveira (UFPR)

SUPERVISORA EDITORIAL	Renata C. Lopes
PRODUÇÃO EDITORIAL	Sabrina Costa
REVISÃO	Katine Walmrath
DIAGRAMAÇÃO	Jhonny Alves dos Reis
CAPA	Tiago Reis
REVISÃO DE PROVA	Bruna Holmen

COMITÊ CIENTÍFICO DA COLEÇÃO EDUCAÇÃO, TECNOLOGIAS E TRANSDISCIPLINARIDADE

DIREÇÃO CIENTÍFICA	Dr.ª Marilda A. Behrens (PUCPR)	Dr.ª Patrícia L. Torres (PUCPR)
CONSULTORES	Dr.ª Ademilde Silveira Sartori (Udesc)	Dr.ª Iara Cordeiro de Melo Franco (PUC Minas)
	Dr. Ángel H. Facundo (Univ. Externado de Colômbia)	Dr. João Augusto Mattar Neto (PUC-SP)
	Dr.ª Ariana Maria de Almeida Matos Cosme (Universidade do Porto/Portugal)	Dr. José Manuel Moran Costas (Universidade Anhembi Morumbi)
	Dr. Artieres Estevão Romeiro (Universidade Técnica Particular de Loja-Equador)	Dr.ª Lúcia Amante (Univ. Aberta-Portugal)
	Dr. Bento Duarte da Silva (Universidade do Minho/Portugal)	Dr.ª Lucia Maria Martíns Giraffa (PUCRS)
	Dr. Claudio Rama (Univ. de la Empresa-Uruguai)	Dr. Marco Antonio da Silva (Uerj)
	Dr.ª Cristiane de Oliveira Busato Smith (Arizona State University /EUA)	Dr.ª Maria Altina da Silva Ramos (Universidade do Minho-Portugal)
	Dr.ª Dulce Márcia Cruz (Ufsc)	Dr.ª Maria Joana Mader Joaquim (HC-UFPR)
	Dr.ª Edméa Santos (Uerj)	Dr. Reginaldo Rodrigues da Costa (PUCPR)
	Dr.ª Eliane Schlemmer (Unisinos)	Dr. Ricardo Antunes de Sá (UFPR)
	Dr.ª Ercilia Maria Angeli Teixeira de Paula (UEM)	Dr.ª Romilda Teodora Ens (PUCPR)
	Dr.ª Evelise Maria Labatut Portilho (PUCPR)	Dr. Rui Trindade (Univ. do Porto-Portugal)
	Dr.ª Evelyn de Almeida Orlando (PUCPR)	Dr.ª Sonia Ana Charchut Leszczynski (UTFPR)
	Dr. Francisco Antonio Pereira Fialho (Ufsc)	Dr.ª Vani Moreira Kenski (USP)
	Dr.ª Fabiane Oliveira (PUCPR)	

PREFÁCIO

É com grande entusiasmo que apresentamos este livro, de autoria de Roseny Bezerra da Silva Fonseca e coautoria de Ana Cláudia Ribeiro de Souza, uma obra que surge em meio aos desafios da prática docente frente à implementação da Lei 13.415/2017. Este trabalho é fruto de uma pesquisa que tive o privilégio de acompanhar desde sua concepção, quando ainda era apenas um embrião, idealizado para submissão ao mestrado. A evolução notável desta semente de ideias agrega valiosos subsídios aos estudos sobre a formação de professores diante da Cultura Digital.

A introdução dessa unidade curricular torna-se um dos grandes desafios no contexto da implementação do novo ensino médio nas escolas da educação básica brasileira, requerendo a aquisição e/ou desenvolvimento de habilidades que impulsionem a prática docente por meio das novas tecnologias. Esse tema emergiu em resposta às demandas de um novo cenário de ensino-aprendizagem: o ensino remoto, que se tornou imperativo em decorrência da pandemia de Covid-19 em 2020. Ficou evidente que os docentes precisavam se reorientar, identificando limitações no ensino remoto e buscando conhecimento para utilizar ferramentas digitais que promovessem um ensino de qualidade.

Dessa forma, a relevância desta obra lança luz sobre os estudos que se dedicam à formação permanente dos educadores, guiando-os em uma postura crítico-reflexiva essencial ao longo de suas carreiras.

No contexto contemporâneo da educação brasileira, a prática docente se entrelaça em uma complexa teia. A Lei 13.415/2017, que reformou o ensino médio, trouxe consigo desafios e mudanças significativas na estrutura curricular e nas abordagens pedagógicas necessárias para atender às demandas do século XXI. Nesse sentido, a formação de professores emerge como pilar fundamental para o êxito na implementação dessas transformações.

As autoras adentram a análise das implicações dessa lei, especialmente no que concerne à unidade curricular de Cultura Digital, refletindo criticamente sobre os limites e perspectivas do processo de ensino-aprendizagem. Esse componente, destinado a preparar os alunos para lidar criticamente com as tecnologias digitais, representa um desafio significativo para os educadores, que necessitam adquirir competências e conhecimentos específicos para desempenhar seu papel de forma eficaz.

Esta pesquisa nasceu em um momento crucial da história recente da educação, evidenciando a necessidade urgente de os docentes se adaptarem ao ensino remoto, revelando lacunas em suas capacidades digitais e pedagógicas. Diante desses desafios, os professores buscaram ativamente se aprimorar e se apropriar de ferramentas tecnológicas para garantir um ensino de qualidade, sublinhando ainda mais a importância da formação permanente abordada nesta obra.

Portanto, este trabalho não apenas se insere no debate acadêmico sobre a formação de professores no contexto da cultura digital e da reforma do ensino médio, mas também oferece um olhar crítico e reflexivo sobre os desafios enfrentados pelos educadores em tempos de mudança constante. Convida-nos a refletir sobre a formação permanente dos docentes como um processo essencial ao longo de suas carreiras, uma jornada de aprendizado contínuo e adaptação às novas realidades educacionais.

À medida que avançamos nas páginas deste livro, somos convidados a mergulhar na reflexão sobre como os educadores podem ser agentes de transformação e contribuir para a educação brasileira, capacitados para enfrentar os desafios e preparar as gerações futuras para um mundo cada vez mais digital e complexo. Assim, esta pesquisa contribui significativamente para os estudos de formação de professores e nos instiga a repensar o papel crucial dos educadores em nossa sociedade em constante evolução. Em suma, esta obra não apenas analisa as implicações da cultura digital na prática docente, mas também oferece valiosas perspectivas sobre como os educadores podem se preparar para os desafios da educação no século XXI.

Eunice Carvalho Gomes
Mestre em Educação de Ciências na Amazônia

LISTA DE ABREVIATURAS E SIGLAS

ANPED - Associação Nacional de Pós-Graduação e Pesquisa em Educação

BNCC - Base Nacional Comum Curricular

CDE7 - Coordenadoria Distrital de Educação 7

CEP - Comitê de Ética em Pesquisa

CEPAN - Centro de Formação Padre Anchieta

CNE - Conselho Nacional de Educação

DCN - Diretrizes Curriculares Nacionais

DDPM - Divisão de Desenvolvimento Profissional do Magistério

EaD - Educação à Distância

FUNDEB - Fundo de Manutenção e Desenvolvimento da Educação Básica

GFC - Gerência de Formação Continuada

HTP - Horário de Trabalho Pedagógico

IF - Itinerário Formativo

LDB - Lei de Diretrizes e Bases da Educação

MEC - Ministério da Educação e Cultura

NEM - Novo Ensino Médio

PCP - Proposta Curricular Pedagógica

PNE - Plano Nacional de Educação

PPP - Projeto Político Pedagógico

SEDUC/AM - Secretaria de Estado de Educação e Desporto Escolar

TCLE - Termo de Consentimento Livre e Esclarecido

UCC - Unidades Curriculares Comuns

SUMÁRIO

CONSIDERAÇÕES INTRODUTÓRIAS..11

CAPÍTULO 1
PERCURSOS DO ENSINO MÉDIO NO BRASIL................................17

1.1 CONTEXTUALIZAÇÃO ANTES DA CRIAÇÃO DA LEI 13.415/2017 19

1.2 A IMPLEMENTAÇÃO DO NOVO ENSINO MÉDIO E SEUS DESAFIOS 22

CAPÍTULO 2
REFLEXÕES SOBRE A PRÁTICA DOCENTE................................29

2.1 A CULTURA DIGITAL E AS DESIGUALDADES DE ACESSO 32

2.2 A ARTICULAÇÃO ENTRE CULTURA ESCOLAR E O PROCESSO
DE FORMAÇÃO DOCENTE 37

CAPÍTULO 3
DESVENDANDO A METODOLOGIA: PASSOS DA PESQUISA........45

3.1 TEMA E OBJETO DE ESTUDO 46

3.2 ABORDAGEM 47

3.3 MÉTODO 48

3.4 SUJEITOS E LÓCUS DA PESQUISA 51

3.5 COLETA DE DADOS 52

3.6 ANÁLISE DOS DADOS 54

CAPÍTULO 4
PROPOSTA FORMATIVA: CULTURA DIGITAL EM AÇÃO 69

4.1 IDEALIZAÇÃO DA PROPOSTA FORMATIVA 71

4.2 DESENVOLVIMENTO DA PROPOSTA FORMATIVA 72

4.3 DIAGNÓSTICO 74

4.4 PLANEJAMENTO 75

4.5 IMPLEMENTAÇÃO 81

4.6 AVALIAÇÃO 82

4.7 CONTRIBUIÇÕES DOS RESULTADOS AVALIADOS 91

CONSIDERAÇÕES FINAIS...95

REFERÊNCIAS...97

CONSIDERAÇÕES INTRODUTÓRIAS

Vivemos em uma era marcada por transformações tecnológicas e científicas que influenciam várias esferas da vida social, provocando mudanças econômicas, sociais, políticas e culturais. Essas mudanças também afetam as escolas e a profissão docente. Refletindo diretamente nas atividades propostas em sala de aula, a educação enfrenta o desafio de renovar as instituições educativas e adaptar-se aos avanços tecnológicos, orientando tanto os professores quanto os alunos para dominar e se apropriar desses novos recursos.

Conforme Imbernón (2011, p. 12), essa renovação necessária da instituição educativa e essa nova forma de educar exigem uma redefinição significativa da profissão docente, assumindo novas competências profissionais dentro de um quadro de conhecimentos pedagógicos, científicos e culturais revisados.

Nesse sentido, destacamos a necessidade de redefinir a profissão docente, superando paradigmas antigos, a fim de abrir caminhos indispensáveis para a renovação pedagógica e tecnológica em sala de aula. É evidente que os professores se veem cada vez mais desafiados a utilizar as ferramentas tecnológicas como meio para construir e disseminar conhecimentos, bem como para concretizar a necessária mudança de paradigma educacional, concentrando seus esforços na criação, gestão e reorganização de situações de aprendizagem.

As aprendizagens essenciais definidas na Base Nacional Comum Curricular (BNCC), ao longo da Educação Básica, têm como objetivo garantir o desenvolvimento de dez competências gerais nos estudantes, incluindo a Cultura Digital. Essa competência reconhece o papel fundamental da tecnologia e estabelece que o estudante precisa dominar o universo digital, sendo capaz, portanto, de fazer uso qualificado das diversas ferramentas existentes, interpretar dados e compreender o pensamento computacional. Aos professores cabe a tarefa de buscar capacitação no uso das ferramentas digitais, a fim de que os alunos possam aproveitar ao máximo esses recursos.

Moran (2007) afirma que o papel principal do professor é ajudar o aluno a interpretar, relacionar e contextualizar os dados. Nessa direção, o uso de recursos tecnológicos no ambiente escolar serve como mais uma ferramenta de aprendizagem, cabendo ao professor mediar o conhecimento que os alunos possuem sobre as tecnologias da informação e da comunicação digital, tornando os conteúdos mais significativos e integrados.

A formação de novas competências do professor no mundo digital e a ressignificação de sua prática pedagógica são processos pessoais e profissionais. Em um ambiente de ensino que gradualmente assimila a cultura digital, o educador é levado pelas condições proporcionadas pela sociedade contemporânea a desempenhar o papel de mediador e articulador do processo de aprendizagem.

Portanto, a ação docente é desafiada a promover novas experiências formativas mais adequadas às necessidades contemporâneas, contando com o avanço da tecnologia e a incorporação da cultura digital para novas formas de aprendizado e ensino.

Em consonância com as mudanças estabelecidas em âmbito nacional durante a implantação do novo Ensino Médio, o estado do Amazonas, por meio da Secretaria de Estado de Educação e Desporto Escolar (SEDUC/AM), institui sua Proposta Curricular Pedagógica (PCP) do Novo Ensino Médio (NEM). Essa proposta prevê, entre os Itinerários Formativos (IF) implementados a partir da Lei 13.415/2017, a criação das Unidades Curriculares Comuns (UCC), incluindo uma concebida especificamente para trabalhar a cultura digital. No entanto, é importante ressaltar que não basta equipar as escolas com tecnologias digitais sem capacitar os docentes para sua utilização.

A pesquisa sobre os processos formativos de professores relacionados à cultura digital desenvolve-se a partir da observação realizada em algumas escolas da rede estadual de ensino na cidade de Manaus durante o período de aulas remotas em 2020. Diante das circunstâncias decorrentes do período de isolamento social, a prática docente passa a se reestruturar, reconhecendo a importância da cultura digital e do conhecimento relacionado aos recursos tecnológicos na educação.

Com base nessas reflexões e na observação da prática docente, surgem inquietações que permeiam o processo de investigação, tais como: Quais ações formativas relacionadas à inserção da cultura digital são desenvolvidas pelos professores do Novo Ensino Médio? Que ferramentas tecnológicas auxiliam na promoção da cultura digital e são utilizadas pelos docentes? As formações em desenvolvimento são capazes de contribuir para a apropriação da cultura digital e a utilização dos recursos tecnológicos pelos professores que atuam no Novo Ensino Médio?

Diante dessas considerações, nossa reflexão sobre a relevância dos recursos tecnológicos para a construção coletiva das competências digitais básicas tem como questão norteadora: As ações formativas são capazes de contribuir para o desenvolvimento da Cultura Digital entre os docentes que atuam no ensino médio, a partir da implementação da Lei 13.415/2017?

A partir dessa questão, o objetivo geral deste estudo é investigar, no âmbito da Secretaria de Estado de Educação e Desporto Escolar (SEDUC/AM), as necessidades de formação docente frente aos desafios da implementação do Novo Ensino Médio, visando à apropriação da cultura digital.

Além disso, foram delineados os seguintes objetivos específicos: identificar, no âmbito da SEDUC/AM, as ações formativas relacionadas à inserção da cultura digital entre os docentes do Novo Ensino Médio (NEM); diagnosticar o uso de ferramentas tecnológicas que auxiliam na promoção da cultura digital entre os docentes do NEM; construir uma proposta formativa como produto educacional a partir do diagnóstico realizado; analisar as contribuições que um guia formativo trará sobre a inserção da cultura digital para a aprendizagem docente no ambiente escolar.

Para buscar respostas para nossa problemática de pesquisa, a investigação é estruturada em diferentes momentos reflexivos. Primeiramente, nas considerações introdutórias, contextualizamos a problemática que motiva o estudo, justificando a intenção de realizar uma pesquisa sobre os processos formativos de professores relacionados à cultura digital. Apresentamos os objetivos da pesquisa, refletimos sobre a relevância dos recursos tecnológicos para a construção das competências digitais básicas e expusemos os questionamentos que nortearam o processo investigativo.

A obra está organizada em quatro capítulos. No primeiro, apresentamos um panorama histórico do ensino médio no contexto brasileiro, com ênfase nos desafios enfrentados pelo Novo Ensino Médio, bem como nas reflexões direcionadas às propostas educacionais nessa etapa da educação básica. Além disso, abordamos a recomendação da Associação Nacional de Pós-Graduação e Pesquisa em Educação (ANPED) e algumas críticas às mudanças previstas para essa etapa da educação básica.

O próximo capítulo expõe uma análise reflexiva acerca da prática docente e a cultura digital no ambiente educacional, apresentando algumas disparidades no acesso a recursos tecnológicos e a articulação entre a cultura escolar e a formação de professores, dando ênfase ao papel essencial do professor na construção do conhecimento em meio às mudanças e progressos tecnológicos na área educacional.

No terceiro capítulo, elucidamos o percurso metodológico utilizado no desenvolvimento da pesquisa, incluindo os participantes e o local da pesquisa, o método, a abordagem e os instrumentos utilizados para coleta e análise dos dados apresentados.

No quarto capítulo, evidenciamos o processo de construção de um guia formativo como produto educacional, a partir do diagnóstico e análise dos dados obtidos na pesquisa, destacando as etapas de implementação e avaliação por meio de um comitê *ad hoc*. Além disso, analisamos as contribuições que a implementação de uma proposta formativa sobre a inserção da cultura digital traz à aprendizagem docente no ambiente escolar.

Nas considerações finais, retomamos nossas questões norteadoras e objetivos da pesquisa, além de apresentar algumas conclusões resultantes deste estudo desafiador por se tratar de uma temática ainda em processo de implementação.

Percebemos no percurso investigativo a situação dos docentes e sua busca por melhorias no ensino. É notável que há um interesse genuíno por parte dos professores em práticas aprimoradas por meio de formações realizadas em seu ambiente de trabalho. Isso é louvável, pois demonstra uma disposição para adquirir conhecimento e fornecer um ensino de qualidade.

No entanto, é preocupante constatar que muitos desses profissionais se sentem desestimulados devido à falta de preparação adequada para transmitir o conhecimento aos alunos. Esse é um problema significativo, pois a falta de preparação pode impactar a aprendizagem dos estudantes, prejudicando seu desenvolvimento acadêmico.

Espera-se que esta obra contribua para o desenvolvimento docente, valorizando as práticas formativas no próprio ambiente de trabalho, por meio de uma abordagem reflexiva, colaborativa e participativa.

CAPÍTULO 1

PERCURSOS DO ENSINO MÉDIO NO BRASIL

Apresentamos neste capítulo um breve contexto histórico do ensino médio no Brasil, destacando alguns desafios do Novo Ensino Médio, bem como algumas críticas às mudanças previstas para essa etapa da educação básica. O ensino médio brasileiro trouxe diversos desafios ao longo de sua história, tornando-se uma etapa problemática do sistema educacional do país, afetando a qualidade da educação oferecida aos alunos.

O ensino médio é a última etapa da educação básica brasileira, estabelecida pela Lei de Diretrizes e Bases da Educação Nacional (LDB) 9.394/1996. No entanto, passou por sua décima sétima reforma, tornando-se um tema relevante na discussão político-ideológica da sociedade brasileira.

A atual reforma do ensino médio no Brasil foi impulsionada por vários fatores e desafios enfrentados pela educação brasileira. Esses fatores incluem a necessidade de melhorar a qualidade do ensino, aumentar a pertinência dos conteúdos abordados, além de promover maior flexibilidade e diversidade curricular.

Um dos principais motivos que levaram a essa reforma foi o enfrentamento de problemas no ensino médio brasileiro, como altas taxas de evasão escolar, desinteresse dos alunos e baixos índices de aprendizagem. É evidente que algo precisa ser feito para melhorar a qualidade da educação nessa etapa.

Outro fator importante é a necessidade de adequar o ensino médio às demandas do mundo contemporâneo. As rápidas transformações sociais, tecnológicas e econômicas exigem uma educação mais alinhada às necessidades do mercado de trabalho e da vida cidadã. A formação dos estudantes precisa estar mais conectada com as competências e habilidades necessárias para enfrentar os desafios do século XXI.

Além disso, há uma preocupação em tornar o ensino médio mais atrativo e significativo para os jovens, buscando uma maior conexão entre os conteúdos escolares e a realidade dos estudantes. Percebe-se a necessidade de oferecer uma formação que estimule o protagonismo dos alunos, promova a criatividade, o pensamento crítico e a capacidade de resolver problemas.

Nesse contexto, o Novo Ensino Médio é proposto como uma reforma que busca atender a essas demandas. Entre as principais mudanças estão a flexibilização curricular, que permite aos alunos escolherem parte das disciplinas de acordo com seus interesses e aptidões, a ampliação da carga horária e a ênfase em itinerários formativos que permitem aos alunos aprofundar seus estudos em áreas específicas, como linguagens, ciências da natureza, ciências humanas, matemática e formação técnica e profissional.

No entanto, é importante ressaltar que a reforma do ensino médio também tem sido alvo de críticas e debates. Alguns atores apontam que a flexibilização curricular pode resultar em desigualdades, uma vez que nem todos os estudantes terão acesso às mesmas oportunidades de escolha e aprofundamento de estudos. Também há preocupações quanto à formação dos professores para atender às novas demandas e à infraestrutura das escolas para implementar as mudanças necessárias.

Portanto, a atual reforma do ensino médio no Brasil surge como uma resposta aos desafios enfrentados pela educação brasileira, buscando tornar o ensino mais relevante, flexível e conectado com as necessidades dos estudantes. Entretanto, é fundamental que seja concomitante de investimentos, formação adequada de professores e um debate constante para garantir que as mudanças sejam efetivas e promovam uma educação de qualidade para todos os jovens brasileiros.

Antes de explorarmos as modificações do atualmente denominado Novo Ensino Médio (NEM), é importante contextualizar os acontecimentos que levaram à necessidade de mais uma reforma.

1.1 Contextualização antes da criação da Lei 13.415/2017

Ao recorrer à história da educação, é possível perceber que um dos grandes problemas evidentes ao longo do tempo na educação é a desigualdade social existente no Brasil. Segundo a Constituição Federal promulgada em 1988, é dever do Estado garantir o ensino médio gratuito para os jovens de 15 a 17 anos. Contudo, muitos estudantes não chegam a cursar a última etapa da educação básica porque se deparam com a necessidade de ajudar na renda de suas famílias em atividades informais. Essa é uma realidade que se repete ao longo da história, a relação trabalho- educação e as diferenças de classes refletiram na construção do modelo educacional brasileiro e são sentidas até a atualidade. Nesse sentido, Briskievicz (2018, p. 122) enfatiza que:

> Em tempos remotos, apenas as classes dominantes tinham o privilégio de ter acesso à educação. Fato este que marcou a educação no país originando um caráter dual no ensino, principalmente ao estabelecer a diferença entre a aquisição do conhecimento e a formação da mão de obra.

Assim sendo, a dualidade no ensino expressa uma fragmentação da escola a partir da qual se delineiam caminhos diferenciados segundo a classe social de cada um. A desigualdade social e a dualidade no ensino são questões intrinsecamente ligadas ao contexto da reforma do ensino médio no Brasil. Esses problemas estruturais têm impacto direto sobre a educação e podem agravar as disparidades existentes entre os alunos de diferentes classes sociais.

A desigualdade social reflete-se na educação de diversas maneiras. Estudantes de baixa renda muitas vezes enfrentam condições precárias nas escolas, falta de recursos didáticos adequados, ausência de infraestrutura básica e até mesmo dificuldades de acesso à educação. Isso cria um ambiente desfavorável para a aprendizagem e prejudica o desenvolvimento dos alunos.

A dualidade no ensino também contribui para a desigualdade educacional. O sistema educacional brasileiro historicamente tem apresentado uma divisão entre escolas públicas e privadas, com recursos, qualidade de ensino e oportunidades diferenciadas. Enquanto as escolas privadas muitas vezes têm melhores condições de infraestrutura, corpo docente qualificado e acesso a recursos tecnológicos, as escolas públicas enfrentam desafios estruturais, como a falta de investimentos, professores desmotivados e turmas superlotadas.

A reforma do ensino médio deve abordar essas desigualdades e a dualidade existente. É fundamental que as mudanças propostas garantam oportunidades de aprendizagem igualitárias para todos os alunos, independentemente de sua origem socioeconômica. Isso envolve ações como investimentos na melhoria das escolas públicas, formação adequada de professores e ações para promover a inclusão digital e o acesso equitativo às tecnologias educacionais.

Além disso, é necessário um olhar atento para a implementação da flexibilização curricular, de forma a garantir que todas as escolas, independentemente de sua localização ou condição socioeconômica, possam oferecer itinerários formativos diversificados e de qualidade. Isso evita que a dualidade se perpetue, criando oportunidades diferenciadas apenas para os alunos que frequentam escolas privadas.

A luta contra a desigualdade social e a dualidade no ensino é um desafio complexo, que exige esforços conjuntos de governos, instituições educacionais, sociedade civil e demais atores envolvidos na educação. Somente com ações consistentes e políticas públicas efetivas será possível promover uma educação inclusiva e de qualidade, contribuindo para reduzir as disparidades sociais e construir uma sociedade mais justa e equitativa.

A partir da promulgação da Lei de Diretrizes e Bases da Educação Nacional (LDB) 9.394/1996, várias manobras políticas foram realizadas para superar o dualismo existente no ensino médio no Brasil, considerando a relação entre a formação propedêutica e profissional e como elas estavam registradas na legislação educacional. Como resultado, essa legislação desvinculou o ensino técnico do ensino médio, estabelecendo características distintas para cada nível de ensino. Em 1998, após a homologação da LDB, foram estabelecidas as primeiras Diretrizes Curriculares Nacionais (DCNs), que regulamentam a organização curricular do ensino médio.

Diante desse cenário e considerando os índices e desempenho da educação brasileira, o governo federal propôs políticas, diretrizes e ações visando estruturar a educação básica. Isso incluiu a criação do Fundo de Manutenção e Desenvolvimento da Educação Básica e de Valorização dos Profissionais da Educação (FUNDEB) e a ampliação da obrigatoriedade da educação por meio da Emenda Constitucional 59/2009.

Como resultado, as DCNs passam por novas atualizações, e toda essa estruturação em prol da valorização e crescimento da educação culminou na aprovação do Plano Nacional de Educação 2014/2024 (PNE). O PNE estabelece metas e estratégias que visam à ampliação da educação profissional, assim como à implementação do Pacto Nacional pelo Fortalecimento do Ensino Médio.

Com o foco na formação integral do aluno, foram iniciadas as primeiras articulações entre a União e os governos estaduais para a implementação de políticas que visam elevar o padrão de qualidade do ensino médio.

Em meio a um momento de crise econômica e política no Brasil, houve discussões e opiniões divergentes entre os educadores em relação ao processo de mudança. De um lado, encontravam-se as entidades e os intelectuais, enquanto do outro lado, havia um grupo privado organizado com o apoio do Ministério da Educação e Cultura (MEC), conforme apontado por Kuenzer (2017).

Apesar das divergências de opiniões em relação às mudanças propostas para o ensino médio, em 16 de fevereiro de 2017 foi promulgada a Lei 13.415, que estabelece as novas diretrizes e bases para o ensino médio. É importante ressaltar que houve uma grande oposição por parte dos setores progressistas da sociedade civil, incluindo o Movimento Nacional em Defesa do Ensino Médio e o movimento dos estudantes secundaristas. A Lei 13.415/2017, resultante da Medida Provisória 746/2016, modificou os artigos da LDB 9.394/1996 que tratam do currículo do ensino médio regular.

As principais mudanças propostas podem ser agrupadas em dois eixos: carga horária e organização curricular. Com o aumento progressivo da carga horária, a proposta discorre sobre a implantação de escolas em tempo integral. Já em relação à reorganização curricular, é prevista a inclusão de itinerários formativos com foco na formação técnica e profissional.

A partir da promulgação da Lei 13.415/2017, que estabeleceu novas diretrizes para o ensino médio no Brasil, foram implementadas mudanças significativas no currículo e na organização dessa etapa de ensino. Contudo, são muitos os desafios para a efetivação de um novo modelo de ensino médio inclusivo e de qualidade.

É preciso superar a desigualdade social e a dualidade no ensino, garantir investimentos adequados nas escolas públicas, oferecer formação adequada aos professores e promover a inclusão digital para que todos os alunos possam se beneficiar das transformações propostas.

A seguir, abordaremos como aconteceu o processo de implementação do Novo Ensino Médio, destacando os desafios enfrentados em meio ao período de isolamento social ocasionado pela pandemia de Covid-19 e como a comunidade educacional reagiu ao processo de mudança da nova proposta.

1.2 A IMPLEMENTAÇÃO DO NOVO ENSINO MÉDIO E SEUS DESAFIOS

O Novo Ensino Médio tem ocupado um papel de destaque na agenda da política educacional brasileira, e suas mudanças estão previstas na Lei 13.415/2017. No entanto, em um contexto de desigualdade na distribuição dos bens culturais e de políticas econômicas que resultam em cortes orçamentários no setor educativo, surgem desafios adicionais em seu processo de implementação devido ao isolamento social e às aulas remotas durante a pandemia causada pela Covid-19.

No ano de 2020, enquanto a pandemia da Covid-19 assolava todo o mundo, medidas de isolamento social são adotadas para conter a disseminação do vírus, entre elas o fechamento das escolas. Em meio a esse cenário, a pandemia provocou uma pausa abrupta nas atividades presenciais de implementação do Novo Ensino Médio, tornando a adaptação a esse novo modelo ainda mais desafiadora.

Um dos maiores problemas enfrentados foi o acesso desigual à tecnologia. Enquanto algumas escolas e alunos puderam contar com recursos tecnológicos para viabilizar o ensino remoto, muitos alunos não tiveram a mesma oportunidade. A falta de acesso à internet de qualidade e aos dispositivos eletrônicos impediu que alguns jovens acompanhassem as aulas à distância, gerando uma clara disparidade no aprendizado.

Além disso, muitos professores não estavam totalmente preparados para o ensino remoto. A transição rápida para plataformas virtuais exigiu um esforço extra para a familiarização com novas ferramentas e metodologias de ensino, o que impactou a qualidade das aulas em alguns casos.

Outro aspecto desafiador foi a questão socioemocional dos estudantes. O isolamento social trouxe emoções e ansiedade, afetando o bem-estar emocional dos alunos. A falta de interação presencial com colegas e professores, aliada ao contexto de pandemia, levou a um aumento nos níveis de estresse e dificuldades de concentração, refletindo-se no desempenho acadêmico.

Apesar de todas essas dificuldades, alguns profissionais da educação e alunos demonstraram resiliência e criatividade. A utilização de materiais impressos, a possibilidade de aulas pela televisão e outras alternativas foram adotadas para alcançar os estudantes com menos recursos tecnológicos. Os professores se uniram para compartilhar experiências e estratégias, buscando manter o engajamento dos alunos mesmo à distância.

Com o avanço da vacinação e a redução dos casos de Covid-19, o retorno gradual às aulas presenciais se tornou possível em algumas regiões do país. Esse cenário trouxe alívio para a comunidade educacional, mas também novos desafios. A retomada exigiu a implementação de protocolos sanitários rigorosos, garantindo a segurança de alunos e professores.

Apesar de todos os percalços enfrentados, as propostas curriculares para o ensino médio foram elaboradas em cada uma das unidades federativas com base em referenciais curriculares locais e na Base Nacional Comum Curricular (BNCC), para iniciarem as mudanças previstas. No entanto, críticas surgiram em relação à BNCC do ensino médio, especialmente em relação ao tempo limitado para discussões e elaboração do documento final.

A reorganização curricular do Novo Ensino Médio está alinhada aos direitos e objetivos de aprendizagem estabelecidos na BNCC. Segundo Briskievicz (2018), as mudanças propagadas como avanço educacional, como a autonomia dos estudantes na escolha do itinerário formativo, são percebidas como incertas e preocupantes pela comunidade escolar.

É notável que muitos posicionamentos favoráveis à nova proposta educacional baseiam-se em propaganda midiática e estão vinculados a uma visão partidária. A ampliação progressiva da carga horária, estabelecida pela Lei 13.415/2017, é criticada por sua inviabilidade para jovens que precisam trabalhar para contribuir com o sustento familiar.

A flexibilidade curricular proposta tem sido destacada como uma solução inovadora para atender às demandas dos jovens. No entanto, Ferreira e Paim (2018) alertam para os efeitos nocivos da flexibilização curricular, como o reforço das desigualdades regionais e a reatualização de uma estrutura dualista entre o ensino propedêutico e o profissionalizante. Assim, a nova proposta do ensino médio reafirma a dualidade do ensino e coloca em risco os direitos educacionais conquistados.

A possibilidade de flexibilização e oferta de diferentes percursos formativos em função dos interesses dos estudantes dependerá dos investimentos para que essa oferta seja possível, cabendo nesse aspecto questionarmos como esse processo será garantido em localidades com apenas uma escola de ensino médio.

Diante desse cenário, é crucial que as escolas participem ativamente do processo de implementação, promovendo diálogos com a comunidade escolar e lutando por uma educação de qualidade e igualitária. Além disso, é necessário oferecer momentos formativos aos professores para que compreendam os desafios e sejam motivados a desenvolver ações que atendam às demandas específicas de cada instituição.

Como foi dito, entre as principais mudanças estão: a carga horária e o currículo. Para compreensão do cenário atual no que se refere à organização curricular, é salutar relembrar que desde a Constituição de 1988 é prevista a construção de uma Base Nacional Comum Curricular (BNCC). Em 2010, durante a Conferência Nacional de Educação, a instituição da base foi assumida como parte do Plano Nacional de Educação (PNE), mas somente em 2015 foi que o governo federal deu início aos debates para elaborar a BNCC propriamente dita.

Segundo a percepção por parte da comunidade escolar, estudiosos, pesquisadores da educação e do currículo observam que a BNCC do ensino médio está pautada em uma visão contraditória e arbitrária. Salienta-se que, entre as muitas críticas, notas de repúdio e posicionamentos desfavoráveis à aprovação da BNCC do ensino médio homologada em 2018, está o pouco tempo no processo de discussão e elaboração do documento final.

O currículo do Novo Ensino Médio foi reorganizado atendendo aos direitos e objetivos de aprendizagem instituídos na Base Nacional Comum Curricular (BNCC) da referida etapa da educação básica.

Segundo Briskievicz (2018) entre as mudanças da BNCC do ensino médio que estão sendo propagadas como um avanço educacional, destacam-se a autonomia dos estudantes na escolha de seu itinerário formativo e a garantia de direitos educacionais. O que se percebe de fato são incertezas e receio de uma comunidade escolar apreensiva no que se refere a tudo o que é anunciado como direitos e garantias, em contradição com a realidade vivenciada na maioria das escolas.

Quanto à carga horária, a Lei 13.415/2017 determina a ampliação progressiva inicialmente, com uma carga horária diária de 5 horas em 200 dias letivos, até atingir 7 horas por dia, ou seja, período integral. Sobre esse aspecto, Kuenzer (2017) expressa sua crítica quanto à inviabilidade da ampliação da carga horária para os jovens que precisam trabalhar para contribuir com o sustento familiar e não dispõem do tempo necessário para permanecer em uma escola de tempo integral.

A flexibilidade curricular proposta pela Lei 13.415/2017 tem sido divulgada por diferentes canais midiáticos como um verdadeiro avanço e solução inovadora para tornar o ensino médio mais adequado às demandas e às expectativas dos jovens, todavia a ideia de flexibilidade tende a acarretar efeitos opostos aos proclamados em detrimento do contexto no qual se estabelece. Para Ferreira e Paim (2018, p. 182):

> A flexibilização curricular poderá produzir dois efeitos bastante nocivos para a efetivação de uma escola pública democrática: o reforço das desigualdades r egionais e a reatualização de uma estrutura educacional dualista — propedêutica e profissionalizante.

A nova proposta do ensino médio, mais uma vez, reafirma a dualidade do ensino, retirando os direitos educacionais conquistados. Embora o discurso do ponto de vista político e econômico seja o de uma educação democrática e para todos, a maneira como ainda tem sido tratada essa dualidade não afasta o preconceito com as classes menos favorecidas.

Assim, em março de 2023, preocupado com a situação do ensino médio, o Ministério da Educação (MEC) solicitou da Associação Nacional de Pós-Graduação e Pesquisa em Educação (ANPED) uma consulta pública para ouvir opiniões em todas as regiões brasileiras, através de cinco seminários realizados entre os meses de maio e junho, que discutiram a seguinte temática: "Ensino Médio: o que as pesquisas têm a dizer?".

A consulta aconteceu com a orientação de analisar, por meio das entidades científicas de pesquisa em educação, o que deve ser modificado no ensino médio. Como resultado desses seminários, a ANPED produziu um relatório referente à reforma do ensino médio no Brasil e recomendou a revogação da política do Novo Ensino Médio, ao mesmo tempo em que afirma que o currículo é mais que uma lista de conteúdos, currículos, protagonismo, projeto de vida e eletivas (Alves; Rodrigues; Veríssimo, 2023).

Segundo Vilela (2023), além dos seminários, o MEC também lançou, através de plataformas virtuais, uma pesquisa on-line, realizada por meio de um canal de WhatsApp, em que obteve aproximadamente 150 mil respostas. Participaram mais de 100 mil alunos, cerca de 30 mil professores, quase 6 mil gestores escolares, entre outros.

A revogação do Novo Ensino Médio tem sido uma reclamação de entidades do setor e de muitos especialistas. Apesar disso, o governo federal não cogitou revogar a medida por completo, mas fazer ajustes a partir dos resultados obtidos na consulta.

Enquanto as mudanças efetivas não acontecem, o novo ensino médio, com suas diretrizes para a flexibilização curricular e a inclusão de itinerários formativos, requer dos professores uma readequação de suas práticas pedagógicas. Eles precisam lidar com um cenário de constante evolução tecnológica e integração da cultura digital no ambiente escolar. Isso implica repensar as metodologias de ensino, incorporando recursos tecnológicos e plataformas digitais para enriquecer o processo de aprendizagem e torná-lo mais atrativo e significativo para os alunos.

Contudo, essa mudança também traz desafios para os professores, que se sentem inseguros ou despreparados para lidar com a cultura digital. Nesse contexto, é necessário refletir sobre a formação docente, buscando proporcionar aos educadores as competências necessárias para atuar de forma efetiva nesse ambiente digital.

A articulação entre a cultura escolar e a formação de professores se torna crucial para garantir que a incorporação das tecnologias na prática docente seja feita de maneira consciente e reflexiva, alinhada aos objetivos educacionais e às necessidades dos alunos. Cabe às unidades escolares participar do processo de implementação, pensando no futuro e nas possibilidades ainda não imaginadas, desenvolver um diálogo com a comunidade escolar e persistir na luta por uma educação igualitária de qualidade.

Nesse sentido, no capítulo a seguir, abordaremos reflexões quanto à prática docente para entendermos como os desafios da implementação do novo ensino médio também impactaram a atuação dos professores no contexto da cultura digital e na articulação com a cultura escolar e a formação docente.

CAPÍTULO 2

REFLEXÕES SOBRE A PRÁTICA DOCENTE

A prática docente desempenha um papel fundamental na mediação do conhecimento em um contexto de transformações e avanços tecnológicos na educação. Nesse sentido, a implementação do Novo Ensino Médio em meio à pandemia da Covid-19 impôs desafios únicos aos professores, que precisaram se adaptar rapidamente a novas realidades e buscar soluções criativas para garantir o ensino de qualidade.

No cenário de isolamento social, os docentes se deparam com a tarefa de lecionar à distância, utilizando ferramentas virtuais para se conectar com seus alunos. No entanto, a falta de acesso igualitário à tecnologia trouxe à tona as desigualdades existentes na sociedade brasileira. Os professores tiveram dificuldade de alcançar todos os alunos, muitos dos quais não dispunham de dispositivos eletrônicos ou conexão à internet adequada.

Nesse cenário, a busca por alternativas que possibilitassem o acesso ao conteúdo por meio de materiais impressos, por exemplo, foi uma estratégia adotada por muitos educadores. Além disso, a troca de experiências e o trabalho em equipe entre docentes foram essenciais para superar os desafios impostos pela pandemia.

A implementação do Novo Ensino Médio, por sua vez, gerou um currículo e uma abordagem pedagógica dinâmica e diferenciada. Os professores precisaram compreender esse processo e se adaptar às mudanças propostas, buscando formas de adequar seus planos de aula e estimular o interesse dos alunos por meio de metodologias mais flexíveis e contextualizadas.

Entretanto, a restrição de recursos e os cortes orçamentários no setor educacional dificultaram a efetivação das mudanças necessárias para uma prática docente mais aprimorada e dinâmica. A capacitação dos professores para a adoção do novo modelo também se mostrou essencial, mas a oferta foi viabilizada através de Ensino à Distância (EaD), o qual não obteve o aproveitamento esperado.

Nesse cenário, a importância do professor como mediador do conhecimento e agente de transformação social ganhou ainda mais destaque. Os docentes precisaram, mais do que nunca, entender a realidade dos alunos, suas dificuldades e ansiedades, para ajustar sua prática pedagógica e promover um ambiente de aprendizado inclusivo e acolhedor.

A pandemia trouxe à tona a necessidade de um olhar mais atento para a saúde emocional dos alunos, e os professores desempenharam um papel fundamental ao oferecerem apoio e compreensão durante um período de grande preocupação e ansiedade. A empatia demonstrada pelos educadores foi essencial para manter o vínculo entre eles e seus alunos, mesmo à distância.

Apesar dos desafios enfrentados, a prática docente durante a pandemia e a implementação do Novo Ensino Médio também trouxeram aprendizados valiosos. Professores e alunos tiveram a oportunidade de desenvolver habilidades digitais e adaptabilidade, competências cada vez mais relevantes na sociedade atual.

A experiência vivida mostrou a importância de uma educação mais flexível, que consiga se adaptar a diferentes cenários, e de políticas públicas que garantam a infraestrutura necessária para um ensino de qualidade, inclusivo e igualitário.

Com o mundo digital em constante evolução, a sociedade e a educação têm se adaptado a novas formas de interação, comunicação e acesso à informação. Nesse sentido, o ambiente escolar torna-se um espaço privilegiado para o desenvolvimento integral do ser humano, e o professor assume um papel central como mediador desse processo.

No passado, a prática docente era frequentemente centrada no professor, com uma abordagem mais tradicional e transmissiva do conhecimento. No entanto, com o avanço tecnológico e a ampliação do acesso à internet e dispositivos digitais, os alunos estão expostos a uma vasta quantidade de informações e possibilidades de aprendizado além dos limites da sala de aula. Isso exige que os professores se adaptem e ressignifiquem sua prática para atender às demandas da sociedade contemporânea.

A ressignificação da prática docente no contexto tecnológico implica repensar os papéis e as formas de interação entre professores e alunos. Em vez de ser o único detentor do conhecimento, o professor passa a ser um facilitador, um guia que auxilia os alunos na busca, seleção, interpretação e aplicação das informações disponíveis. Ele precisa desenvolver habilidades para orientar os estudantes na análise crítica de fontes, na resolução de problemas, na colaboração e na criação de projetos que envolvam o uso das tecnologias digitais.

Além disso, a prática docente precisa explorar as potencialidades das ferramentas digitais para enriquecer o processo de ensino-aprendizagem. Isso inclui o uso de recursos multimídia, plataformas educacionais, ambientes virtuais de aprendizagem, jogos educativos, entre outros. A tecnologia pode ampliar as possibilidades de interação e participação dos alunos, promovendo a construção coletiva do conhecimento e estimulando o desenvolvimento de habilidades cognitivas e socioemocionais.

No entanto, é importante ressaltar que a incorporação da tecnologia na prática docente não deve ser vista como um fim em si mesma, mas como um meio para alcançar objetivos educacionais. O professor precisa ter um olhar crítico sobre as ferramentas e recursos tecnológicos disponíveis, selecionando aqueles que melhor se adéquam aos conteúdos, objetivos e características dos estudantes. Além disso, é essencial promover a reflexão sobre o uso ético, responsável e seguro das tecnologias, incentivando a conscientização e a educação digital dos alunos. Segundo Moran (2013, p. 31),

> Com as tecnologias atuais, a escola pode transformar-se em um conjunto de espaços ricos de aprendizagens significativas, presenciais e digitais, que motivem os alunos a aprender ativamente, a pesquisar o tempo todo, a serem proativos, a saber tomar iniciativas e interagir.

Para vislumbrar uma ressignificação da prática docente e uma educação de qualidade, um aspecto é fundamental: a valorização da formação profissional. A jornada formativa do professor não pode limitar-se à sua formação inicial, mas — em um mundo em constante processo de mudanças — a formação continuada ou permanente está permeada pela ideia indissociável de que ensinar, aprender, conhecer e pesquisar estão relacionados ao fazer docente.

A prática docente na mediação do conhecimento enfrenta o desafio de se ressignificar diante do avanço tecnológico e das transformações sociais. Os professores devem estar abertos às mudanças, atualizando-se constantemente, desenvolvendo competências digitais e adaptando suas estratégias pedagógicas para engajar e motivar os alunos em um ambiente digital. Ao fazer isso, eles podem aproveitar as oportunidades oferecidas pela tecnologia para enriquecer a experiência educacional e preparar os estudantes para uma sociedade cada vez mais conectada e digitalizada.

De acordo com Imbernón (2011, p. 58), uma formação docente adequada deve proporcionar aos professores conhecimentos, habilidades e atitudes que os tornem profissionais reflexivos e investigadores. Nesse sentido, vamos refletir sobre a cultura digital no ambiente educacional e as desigualdades de acesso, destacando a relação entre a cultura escolar e a formação docente, considerando suas significações. Isso se torna relevante, uma vez que os professores possuem uma trajetória nesse contexto.

2.1 A CULTURA DIGITAL E AS DESIGUALDADES DE ACESSO

O século XXI presencia um momento onde o desenvolvimento em torno da tecnologia da informação interfere diretamente em nossas formas de pensar, agir, e consequentemente, em todas as áreas da vida humana - o processo de transformação tecnológica tem crescido em proporções tão grandes que são difíceis de serem mensuradas. Para Castells (1999, p. 68),

> O processo atual de transformação tecnológica expande-se exponencialmente em razão de sua capacidade de criar uma interface entre campos tecnológicos mediante uma linguagem digital comum na qual a informação é gerada, armazenada, recuperada, processada e transmitida. Vivemos em um mundo que se tornou digital.

Assim, nesse processo de transformação tecnológica, o que caracteriza seu avanço não é a centralidade de conhecimentos e informação, mas a aplicação desses conhecimentos e dessa informação para geração de conhecimentos dos dispositivos e de processamento da informação; em um ciclo contínuo entre a inovação e seu uso, a difusão da tecnologia amplifica seu poder de forma infinita, à medida que os usuários se apropriam dela e a redefinem.

Diante dessa realidade, é imprescindível refletir sobre a cultura digital no contexto educacional, considerando o uso da tecnologia como ferramenta para aprimorar o ensino e o aprendizado, ou seja, trazer a transformação digital que estamos vivenciando nos últimos tempos para dentro do ambiente escolar e fazer dela um instrumento em benefício do ensino. A BNCC estabelece em sua 5ª competência geral a necessidade de:

> Compreender, utilizar e criar tecnologias digitais de informação e comunicação de forma crítica, significativa, reflexiva e ética nas diversas práticas sociais (incluindo as escolares) para se comunicar, acessar e disseminar informações, produzir conhecimentos, resolver problemas e exercer protagonismo e autoria na vida pessoal e coletiva (Brasil, 2017, p. 9).

A compreensão, utilização e criação em torno da cultura digital é uma competência um tanto quanto desafiadora, principalmente para os docentes considerados "imigrantes digitais", que são aqueles que tiveram que se adaptar às novas tecnologias, pois não nasceram na era digital.

A cultura digital refere-se ao conjunto de práticas, comportamentos, valores e expressões que surgiram a partir do uso das tecnologias digitais, como a internet, *smartphones*, redes sociais, entre outros. Essa cultura tem influenciado diversos aspectos da sociedade, incluindo a forma como nos comunicamos, consumimos informações, nos relacionamos e até mesmo como participamos da esfera pública.

A cultura digital faz parte da vida cotidiana das novas gerações. Ela ocasiona mudanças na maneira de acessar a informação e gerenciar o conhecimento, comparadas às das gerações anteriores. Nessa perspectiva, é necessário que os professores reflitam sobre as metodologias de ensino que utilizam em sala de aula e as adaptem às novas formas de aprender dos alunos.

A internet é uma parte fundamental nesse processo de mudança, tanto para facilitar o trabalho do corpo docente como para melhorar a aprendizagem dos alunos. As novas tecnologias trouxeram grande impacto sobre a Educação, criando novas formas de aprendizado, disseminação do conhecimento e, especialmente, novas relações entre professor e aluno. Segundo Souza (2011, p. 25),

> Torna-se cada vez mais necessário que a escola se aproprie dos recursos tecnológicos, dinamizando o processo de aprendizagem. Como a educação e a comunicação são indissociáveis, o professor pode utilizar-se de um aparato tecnológico na escola visando à transformação da informação em conhecimento.

Nesse contexto, o acesso às novas tecnologias servirá não apenas para a inclusão digital e social, mas também como um recurso extra para apropriação de leitura e escrita, uma motivação ao conhecimento e oportunidade de investigar diferentes aspectos do processo de aprendizagem na educação, numa mistura de realização e prazer.

Para Morastoni (2014), nós precisamos estar preparados para utilizar as tecnologias como um verdadeiro suporte pedagógico e vislumbrar nelas um apoio de melhoria em nossa prática cotidiana. Esse preparo tem certa urgência, pois com a implementação do Novo Ensino Médio (NEM) será imprescindível que os docentes detenham competências relacionadas à cultura digital, dada a relação entre as culturas juvenis e a cultura digital. Nesse cenário, destaca-se a importância de promover o uso das tecnologias digitais e dos aplicativos tanto para a investigação matemática como para dar continuidade ao desenvolvimento do pensamento computacional, bem como das aprendizagens relacionadas ao mundo digital e à cultura digital, que se iniciaram no ensino fundamental. De acordo com a BNCC (2020, p. 38):

> As redes precisam investir mais no processo de formação continuada dos profissionais da Educação, incorporando as questões que envolvem a compreensão sobre quem são os jovens do século XXI e o aprendizado de metodologias participativas e práticas pedagógicas ativas para os variados espaços da escola.

Sendo assim, as redes de ensino têm a responsabilidade de promover esses processos formativos capacitando os docentes no desenvolvimento da aprendizagem conectada com as necessidades, possibilidades e interesses dos estudantes e com os desafios da sociedade atual, principalmente no que diz respeito ao conhecimento da cultura digital.

A SEDUC/AM, reconhecendo a necessidade de promover a reflexão sobre as tecnologias digitais, seu desenvolvimento e impactos no mundo contemporâneo, abordando aspectos sociais, econômicos e culturais, assim como o levantamento de questões sobre as mudanças significativas que a cultura digital tem provocado na sociedade, passou a ofertar na proposta curricular do NEM a partir do ano letivo de 2022 a Unidade Curricular Comum (UCC) chamada "Cultura Digital" para os alunos da 1ª série. Segundo a Proposta Curricular do Ensino Médio, essa unidade curricular tem a finalidade de:

> [...] possibilitar ao estudante a ampliação de seus conhecimentos acerca do uso responsável das mídias digitais de maneira qualificada e ética, compreendendo o impacto das tecnologias na vida das pessoas e sua interferência na tomada de decisão consciente, colaborativa e responsável no meio digital. (Amazonas, 2021, p. 397).

A proposta metodológica dessa unidade está voltada para a aplicação de experiências com a aprendizagem baseada em problemas, gamificação, trabalho em equipe, sala de aula invertida, entre outras, com a intencionalidade de fortalecer os domínios dos conhecimentos teóricos atrelados às práticas pedagógicas, tendo como recursos didáticos a utilização de softwares educacionais e sites web.

Todavia, a apropriação da cultura digital enfrenta grandes desafios no que se refere às desigualdades de acesso e em sua implementação no currículo escolar. A desigualdade digital decorre do fato de as pessoas terem diferentes níveis de acesso à internet, equipamentos como telefones celulares e computadores, bem como diferentes habilidades para acessar e usar a internet e equipamentos. Outro agravante é a precariedade nos equipamentos existente nas escolas, a acessibilidade de conexão limitada e o despreparo dos professores na mediação das tecnologias digitais.

As desigualdades de acesso à cultura digital ainda são uma realidade em muitos lugares ao redor do mundo. Essas desigualdades podem ser observadas em diferentes níveis:

Acesso à infraestrutura: em muitas regiões, especialmente em áreas rurais e em países em desenvolvimento, a falta de infraestrutura adequada, como acesso à internet de alta velocidade, é um obstáculo significativo para a participação na cultura digital. A falta de infraestrutura de telecomunicações e de energia elétrica em algumas áreas também contribui para a exclusão digital.

Disponibilidade de dispositivos: a posse de dispositivos digitais, como computadores, *smartphones* e *tablets*, é fundamental para acessar a cultura digital. No entanto, muitas pessoas não têm condições financeiras para adquirir esses dispositivos, principalmente em países de baixa renda. Além disso, mesmo quando os dispositivos estão disponíveis, a falta de conhecimento e habilidades para utilizá-los efetivamente também pode ser um obstáculo.

Alfabetização digital: o analfabetismo digital, ou a falta de conhecimentos e habilidades necessárias para utilizar as tecnologias digitais, também contribui para as desigualdades de acesso à cultura digital. A capacidade de buscar informações, avaliar sua qualidade, utilizar aplicativos e serviços on-line e participar de forma crítica e segura na internet são habilidades essenciais para aproveitar plenamente a cultura digital.

Barreiras sociais e culturais: em alguns casos, as desigualdades de acesso à cultura digital são agravadas por barreiras sociais e culturais, como estereótipos de gênero, discriminação racial e exclusão social. Mulheres, minorias étnicas e grupos marginalizados muitas vezes enfrentam obstáculos adicionais para acessar e participar plenamente da cultura digital.

Essas desigualdades de acesso à cultura digital têm consequências significativas para a sociedade. Aqueles que estão excluídos digitalmente enfrentam limitações no acesso à informação, oportunidades educacionais, serviços governamentais, oportunidades de emprego e participação cívica. Isso pode aprofundar ainda mais as desigualdades socioeconômicas existentes.

Para lidar com as desigualdades de acesso à cultura digital, é necessário adotar abordagens abrangentes que envolvam políticas públicas, investimentos em infraestrutura, programas de capacitação digital, acesso gratuito à internet em locais públicos, parcerias público-privadas e conscientização sobre a importância da inclusão digital. Além disso, é fundamental considerar as necessidades específicas de grupos marginalizados e buscar soluções que promovam a inclusão e a equidade na cultura digital.

Os desafios atuais impõem aos sujeitos escolares novas formas de lidar com o processo de aprendizagem na escola. O desencadear dessas novas maneiras de ensinar e aprender, impulsionadas pelas inúmeras transformações da sociedade da informação, permitirá que uma nova cultura escolar se constitua e se consolide.

2.2 A ARTICULAÇÃO ENTRE CULTURA ESCOLAR E O PROCESSO DE FORMAÇÃO DOCENTE

A cultura escolar é resultante da interação entre os agentes pertencentes ao cotidiano da escola. As crenças e expectativas presentes nos membros de todos os segmentos que pertencem ao cotidiano escolar podem, por um lado, fortalecer e consolidar, como, por outro, expressar resistências aos processos que nela se desenvolvem. Nesse contexto, cada escola produz sua própria cultura através da habilidade em elaborar e reelaborar uma dinâmica interna a partir dos diálogos, da comunicação e da interação presente no cotidiano escolar.

A expressão "cultura escolar" foi introduzida no âmbito histórico educativo no século XX por historiadores da educação que trabalhavam no campo da história cultural e do currículo ou a partir de seus enfoques e perspectivas. Contudo, nem todos a usam com os mesmos propósitos e significados (Viñao Frago, 2008).

Quando abordamos educação e cultura, percebemos que esses termos estão relacionados, observamos que o cotidiano escolar revela um amplo desenvolvimento de aprendizagem e reconstrução do conhecimento a partir do momento em que possibilita a integração entre as diferenças e diversidades de expressão.

A cultura escolar refere-se ao conjunto de valores, normas, tradições, práticas e crenças compartilhadas em uma instituição de ensino. Ela influencia o ambiente de aprendizagem, a interação entre alunos e professores, bem como as expectativas e comportamentos dentro da escola. A cultura escolar pode variar de uma instituição para outra, dependendo de fatores como a localização geográfica, a comunidade em que a escola está inserida, a filosofia educacional adotada e a história da escola.

Segundo Viñao Frago e Escolan (2001, p. 77), "[...] A escola é espaço e lugar. Algo físico, material, mas também uma construção cultural [...]". Na configuração de cada ambiente escolar específico, percebe-se uma cultura própria, significada pelo grupo de profissionais que a constitui histórica, cultural e socialmente. Tais características definem a cultura de cada escola.

A cultura escolar desempenha um papel importante no desenvolvimento dos alunos, uma vez que molda suas experiências de aprendizagem e sua interação com o ambiente escolar.

Ela pode influenciar a motivação dos alunos, seu envolvimento nas atividades escolares e seu senso de pertencimento à comunidade escolar.

Além disso, a cultura escolar pode abranger diferentes aspectos, como o currículo adotado, as práticas pedagógicas, as atividades extracurriculares, as relações interpessoais entre os membros da comunidade escolar (alunos, professores, funcionários) e até mesmo os rituais e eventos especiais realizados pela escola.

É importante destacar que a cultura escolar é um fenômeno dinâmico e pode evoluir ao longo do tempo, refletindo mudanças na sociedade, avanços pedagógicos e novas abordagens educacionais. Uma cultura escolar saudável e inclusiva promove o respeito mútuo, a colaboração, a valorização da diversidade e a busca pelo conhecimento.

Os gestores escolares desempenham um papel fundamental na construção e promoção da cultura escolar, por meio do estabelecimento de diretrizes claras, da criação de um ambiente acolhedor e inclusivo, e do incentivo à participação ativa de todos os membros da comunidade escolar. O envolvimento dos pais e responsáveis também é importante para fortalecer a cultura escolar e criar uma parceria entre a escola e a família na educação dos alunos.

Para Faria Filho (2004, p. 147), a "[...] cultura escolar recobre as diferentes manifestações das práticas instauradas no interior das escolas, transitando de alunos a professores, de normas a teorias". É evidente que a cultura abrange todas as ações do cotidiano escolar, no que diz respeito aos seus ritos, linguagem, sua forma de organização e administração, sua composição curricular; todos os indivíduos e práticas no ambiente educativo são fundamentais para a compreensão da cultura escolar, fundamentalmente no que diz respeito à formação desses sujeitos.

Estabelecer novos espaços e tempos de formação docente requer de todos os sujeitos de uma cultura escolar empenho intelectual e persistência coerente. Convivem nos ambientes escolares profissionais em diferentes estágios de formação, constituindo uma comunidade heterogênea, tal diversidade e necessidades individuais devem ser consideradas nos processos formativos propostos no contexto escolar.

A formação docente é uma ação contínua e progressiva, e atribui uma valorização significativa para a prática pedagógica, para experiência, como componente que constitui a formação (Veiga, 2009).

De acordo com a afirmação, a ação formativa deve ser um processo de desenvolvimento pessoal constante, que começa na formação inicial, continua no decorrer da carreira através da constante reflexão da prática pedagógica quando o profissional se empenha em especializar-se através de cursos, programas e projetos diversos.

A instituição educativa precisa ser percebida como um espaço de participação, reflexão e formação para que todos os sujeitos que a compõem desenvolvam capacidades de aprendizagem reflexivas da relação, da convivência, da cultura, do contexto e da interação mútua. Assim, é fundamental a ponderação sobre os processos de implementação de propostas de formação planejadas por técnicos e docentes que desconhecem a realidade do cotidiano escolar. Para Imbernón (2011, p. 57):

> A formação deve apoiar-se em uma reflexão dos sujeitos sobre sua prática docente, de modo a lhes permitir examinar suas teorias implícitas, seus esquemas de funcionamento, suas atitudes, realizando um processo constante de autoavaliação que oriente seu trabalho.

Nesse sentido, o professor é visto como construtor de conhecimento pedagógico, capaz de refletir sobre sua prática e reconhecer que sua capacidade profissional não se esgota na formação técnica, mas avança na perspectiva da reflexão da sua prática. Esse processo reflexivo supõe que a formação permanente deva estender-se ao terreno das capacidades, habilidades e atitudes de questionamento constante dos valores e concepções entre os sujeitos. Portanto, a formação permanente deve auxiliar o docente na obtenção de conhecimentos que facilitem sua capacidade reflexiva sobre sua própria prática.

Uma vez que reconhecemos a necessidade de efetivar uma formação permanente no ambiente escolar, cada instituição, fazendo uso da sua autonomia na elaboração do seu Projeto Político Pedagógico (PPP), pode definir e documentar ações que viabilizem momentos de práticas formativas permanentes entre os docentes. Em consonância com Brasil (2017, p. 476):

> Os sistemas de ensino e as escolas devem construir seus currículos e suas propostas pedagógicas, considerando as características de sua região, as culturas locais, as necessidades de formação e as demandas e aspirações dos estudantes.

Isso significa que a elaboração dos currículos e propostas pedagógicas deve ser realizada em parceria entre as redes de ensino e as escolas, garantindo ações formativas que subsidiem esse processo de implementação. A relação entre o currículo e a formação docente é fundamental para a qualidade da educação. O currículo representa o conjunto de conhecimentos, habilidades, competências e valores que devem ser formados pelos alunos ao longo de sua formação escolar. Por outro lado, a formação docente diz respeito ao preparo dos professores para exercerem sua função educativa de maneira eficiente e eficaz.

A formação docente deve ser pensada em conjunto com o currículo, levando em consideração os objetivos educacionais, as necessidades dos alunos e as demandas sociais. Os professores precisam estar preparados para ensinar os conteúdos previstos no currículo, mas também para adaptá-los às características e interesses dos alunos.

A formação docente deve contemplar conhecimentos pedagógicos, disciplinares e didáticos, bem como aspectos relacionados à gestão da sala de aula, à avaliação dos alunos e ao uso de recursos e tecnologias educacionais. É importante que os professores compreendam os fundamentos teóricos que embasam o currículo, assim como as metodologias de ensino que favoreçam a aprendizagem dos alunos. Nesse viés, Imbernón (2011, p. 15) afirma:

> Ser imprescindível formar o professor na mudança e para a mudança por meio do desenvolvimento de capacidades reflexivas em grupo, e abrir caminho para uma verdadeira autonomia profissional compartilhada, já que a profissão docente deve compartilhar o conhecimento com o contexto.

É nesse sentido que a opção da formação continuada, sob uma perspectiva colaborativa e contextual no espaço escolar, alicerça a prática de um docente sujeito, e não simples transmissor de conhecimento. Portanto, a característica marcante do método de produção colaborativa de conhecimento fundamenta-se solidamente na perspectiva de uma construção conjunta da aprendizagem.

Segundo Nóvoa (2009), a formação de professores está muito afastada da profissão docente, das suas rotinas e culturas profissionais, por isso defende uma formação de professores construída dentro da profissão. Nesse contexto, é necessário valorizar o trabalho em equipe e o exercício coletivo da profissão através de ações que viabilizem um processo formativo permanente na escola.

A formação de professores não pode ser apenas teórica e desvinculada da prática, mas sim deve ser baseada nas experiências reais da sala de aula e nos insucessos dos professores com os alunos.

Nesse sentido, é necessário romper com o modelo tradicional de formação de professores, baseado principalmente em teorias pedagógicas e disciplinas acadêmicas, afastando os futuros professores do contexto real de trabalho, e partir para uma abordagem mais centrada no professor como profissional, reconhecendo sua experiência prática como fundamental para o desenvolvimento profissional.

Nesse propósito, é necessário estabelecer espaços de reflexão e diálogo entre os professores, onde possam compartilhar suas práticas, discutir desafios e buscar soluções conjuntas, estabelecendo assim uma formação de professores permanente ao longo da carreira, permitindo que os professores se atualizem e se aprimorem constantemente.

A formação permanente refere-se ao processo contínuo de aprendizagem e desenvolvimento profissional dos educadores ao longo de suas carreiras. É uma abordagem que reconhece a importância da atualização constante e da aquisição de novos conhecimentos e habilidades para melhorar a prática pedagógica e promover o sucesso dos alunos. O conceito de formação permanente comporta diferentes enfoques, mas é principalmente associado ao desenvolvimento, tanto pessoal como profissional.

Em consonância com Imbernón (2011, p. 75), a formação permanente deve "[...] ajudar a desenvolver um conhecimento profissional que lhe permita: avaliar a necessidade potencial e a qualidade da inovação educativa que deve ser introduzida constantemente nas instituições". Esse conhecimento profissional é fortalecido no processo educativo quando há interação entre os professores e valorização das experiências e vivências. Segundo Gonzaga (2015):

> O processo pedagógico, em suas diferentes etapas, seja em que segmento for, precisa ser planejado. O que só pode ser feito, em um clima participativo, se houver integração dos envolvidos, que só ocorrerá, efetivamente, se houver diálogo, através do qual serão trocadas experiências, oportunizando a vivência, o real sentido do "aprender com o outro".

Trata-se, portanto, não somente da necessidade de desenvolver um conhecimento profissional, mas também da possibilidade de socializar saberes, reconhecendo nossa condição de aprendizes no processo pedagógico. Afinal, cada pessoa tem um ritmo de aprendizagem, um estilo cognitivo para processar as informações que recebe. Nesse aspecto, enquanto sujeitos de uma cultura escolar, é preciso considerar a viabilidade dessa articulação.

Imbernón (2011) destaca cinco grandes linhas ou eixos da formação permanente, a saber: a reflexão prático-teórica, a troca de experiências entre os iguais, a união da formação a um projeto de trabalho, a formação como estímulo crítico e o desenvolvimento profissional da instituição. Seguramente, a troca de experiência, o diálogo, a convivência harmoniosa entre professores, através de relatos que evidenciem práticas pedagógicas transformadoras no ambiente escolar, podem fortalecer os processos formativos, privilegiando o ensino e a escola de um modo abrangente.

Finalizando nossa reflexão, reconhecemos que as transformações desafiam as instituições escolares à mudança do comportamento e das práticas pedagógicas, vislumbrando a constituição de uma nova cultura escolar.

Sabemos que são muitas as possibilidades de compreender a cultura da escola pelo viés atual das novas tecnologias. Cabe-nos identificar as políticas de inserção das tecnologias educacionais do sistema de ensino, reconhecer as propostas metodológicas das novas tecnologias educacionais como estratégias pedagógicas inovadoras, questionar sobre os processos de formação inicial e continuada dos professores para o uso das tecnologias na escola, compreender como professores e alunos utilizam as tecnologias educacionais, suas potencialidades e dificuldades.

CAPÍTULO 3

DESVENDANDO A METODOLOGIA: PASSOS DA PESQUISA

Nos primeiros dois capítulos, apresentamos um panorama histórico do ensino médio brasileiro, destacando desafios que a nova proposta de ensino tem enfrentado desde sua implementação. Refletimos acerca da prática docente e da cultura digital no ambiente educacional, bem como da articulação entre a cultura escolar e a formação de professores, ressaltando o papel essencial do docente na mediação do conhecimento e adaptação às tecnologias transformadas.

As reflexões anteriores nos conduziram ao terceiro capítulo, no qual apresentamos o percurso metodológico utilizado no desenvolvimento da pesquisa realizada no contexto educacional das escolas vinculadas à Secretaria de Educação e Desporto Escolar (SEDUC/AM).

A figura a seguir representa o percurso metodológico adotado na pesquisa. É importante ressaltar que, embora a estrutura apresente seis subtópicos enumerados, durante o processo investigativo houve momentos em que foi necessário retroceder e reestruturar novos aspectos observados.

Figura 1 – Percurso Metodológico

Fonte: elaborado pela pesquisadora (2022)

3.1 TEMA E OBJETO DE ESTUDO

O tema da pesquisa foi concebido no contexto da transição no ensino médio, resultante da implementação da Lei 13.415/2017; em conformidade com as reflexões apresentadas no primeiro capítulo, as mudanças na estrutura curricular e carga horária foram alvo de críticas e insatisfação de muitos educadores. Como mencionado anteriormente, uma das mudanças foi a criação dos Itinerários Formativos (IF), os quais têm como objetivo auxiliar os estudantes na descoberta de seus projetos de vida e promover seu protagonismo nas escolhas a serem feitas. Um desses itinerários é a Cultura Digital, estabelecido como uma Unidade Curricular Comum (UCC) pela Proposta Curricular Pedagógica (PCP) do ensino médio.

A temática intitulada "A prática docente mediante os desafios da implementação da Lei 13.415/2017: formação de professores para Unidade Curricular Cultura Digital" surge a partir das demandas identificadas em nossa experiência profissional como pedagoga na rede estadual de ensino, onde trabalhamos a função de orientar, coordenar e, principalmente, auxiliar os docentes na sua prática profissional.

Com a implementação do NEM, observamos a necessidade de orientar os docentes quanto às competências relacionadas ao uso das tecnologias digitais, principalmente aos que recebessem o desafio de ensinar sobre uma Unidade Curricular para a qual não obtiveram formação.

Como destacado no capítulo dois, a formação docente é uma ação contínua, e a escola precisa ser percebida como um espaço de participação, reflexão e formação docente. Assim, é fundamental refletirmos sobre como contribuímos para a formação continuada desses profissionais por meio de uma ação formativa colaborativa e reflexiva, considerando a necessidade de apropriação de novos conhecimentos.

Dessa forma, o objeto de estudo centrou-se no desenvolvimento profissional dos docentes do ensino médio, no contexto da elaboração de uma proposta de formação continuada em serviço, com ênfase nos saberes que contribuam para a apropriação da Cultura Digital.

3.2 Abordagem

Selecionamos a abordagem de pesquisa qualitativa para orientar a investigação. Segundo Oliveira (2007, p. 60), a pesquisa qualitativa é caracterizada como "um estudo detalhado de um determinado fato, objeto, grupo de pessoas ou ator social e fenômeno da realidade". Dessa forma, é importante destacar a singularidade de cada cultura escolar, seus espaços, sujeitos e práticas educacionais.

A abordagem qualitativa se preocupa em compreender a forma organizada do problema ou objeto de estudo. No caso específico desta pesquisa, estamos interessados na necessidade de formação docente que contribua para a integração da cultura digital no ensino médio.

A escolha da pesquisa qualitativa permite conhecer o fenômeno investigado por meio dos participantes da pesquisa, proporcionando um contato direto com o local de estudo. Isso aproxima o pesquisador do objeto de pesquisa conduzindo a caminhos e possibilidades de respostas para a problemática investigada.

A pesquisa qualitativa é uma abordagem adequada para investigar a necessidade de formação docente relacionada à integração da cultura digital no ensino médio. Através dessa abordagem, buscamos compreender de forma aprofundada e detalhada os diferentes aspectos da cultura escolar, os espaços educacionais, os sujeitos envolvidos e as práticas escolares.

Ao adotar a pesquisa qualitativa, temos a oportunidade de explorar a singularidade de cada contexto escolar, levando em consideração as experiências, observação e compreensão dos participantes da pesquisa. Essa abordagem permite obter informações ricas e contextualizadas sobre como a cultura digital está sendo construída no ensino médio, como os professores estão se apropriando das tecnologias digitais e quais desafios estão enfrentando nesse processo.

Além disso, a pesquisa qualitativa fornece um contato direto com o lócus da pesquisa, permitindo uma imersão no ambiente escolar e observação das práticas educacionais em ação. Isso auxilia na interação entre os sujeitos envolvidos, identificando padrões, tendências e possíveis respostas para o problema investigado.

3.3 Método

Quanto ao método de pesquisa escolhemos a pesquisa-ação como o mais adequado para essa finalidade por tratar-se de uma experiência *in loco*. A pesquisa-ação é um método de pesquisa frequentemente utilizado na abordagem qualitativa. É um método que visa investigar e intervir em situações práticas, com o objetivo de promover a transformação e a melhoria de determinado contexto ou prática.

Na pesquisa-ação, os investigadores e os participantes da pesquisa colaboram ativamente em todas as etapas do processo, desde a identificação do problema até a implementação de ações para solucioná-lo. A pesquisa-ação busca promover mudanças reais e positivas na realidade praticada, sendo considerada uma forma de pesquisa participativa e engajada.

Esse método é especialmente adequado quando se deseja compreender e transformar práticas educacionais, pois envolve os próprios professores, alunos e demais membros da comunidade escolar como participantes ativos. Eles se tornam responsáveis pela investigação, reflexão e ação sobre a problemática identificada, buscando melhorias concretas e relevantes.

A pesquisa-ação envolve uma sequência cíclica de etapas, que inclui a identificação do problema, o planejamento e implementação de ações, a observação e a coleta de dados, a análise e interpretação dos resultados, e o ajuste das estratégias de intervenção com base nessas análises.

Ao utilizar a pesquisa-ação em uma abordagem qualitativa, busca-se uma compreensão aprofundada do contexto e das perspectivas dos participantes, por meio de observações, entrevistas, grupos focais e análise de documentos. Essas informações são cruciais para orientar o planejamento e a implementação das ações de intervenção, bem como para a reflexão e o aprimoramento contínuo das práticas educacionais. Thiollent (1986, p. 14) define o método da pesquisa-ação como sendo:

> [...] um tipo de pesquisa social com base empírica que é concebida e realizada em estreita associação com a ação ou com a resolução de um problema coletivo e no qual os pesquisadores e os participantes representativos da situação ou do problema estão envolvidos de modo cooperativo ou participativo. [...]

Dessa forma, é possível afirmar que os princípios da pesquisa-ação estão alinhados com a perspectiva de compreensão da prática escolar e da formação docente anterior. A pesquisa-ação fornece aos participantes da pesquisa, que são os próprios sujeitos da prática, uma compreensão mais abrangente e profunda do processo em que estão envolvidos, considerando todos os seus aspectos condicionantes.

Nesse sentido, a pesquisa-ação busca articular teoria e prática, promovendo a elaboração de conhecimentos teóricos para uma melhor compreensão e especificação das relações entre teoria e prática pedagógica. A pedagogia, enquanto ciência da prática social e para a prática social, encontra no paradigma da pesquisa-ação uma forma de estabelecer modelos relacionais e participativos na formação permanente, permitindo o desenvolvimento de uma nova cultura de formação.

Conforme destacado por Imbernón (2011), um dos objetivos de uma formação docente válida é proporcionar a oportunidade de experimentar e desenvolver uma prática reflexiva competente. Nesse contexto, é fundamental que as ações formativas tenham uma intencionalidade clara e significativa para os docentes, não se resumindo apenas a cumprir requisitos estatísticos ou buscar um *status*. Para que as ações formativas tenham um sentido real e válido, elas devem estar diretamente relacionadas à práxis docente, promovendo uma reflexão crítica e transformadora sobre as práticas educacionais.

Dessa forma, a pesquisa-ação surge como um método que vai ao encontro dos princípios e objetivos da formação docente, permitindo aos professores uma participação ativa na construção do conhecimento, na reflexão sobre suas práticas e na transformação da realidade educacional. Ao adotar a pesquisa-ação, temos a oportunidade de integrar teoria e prática de forma dinâmica, desenvolvendo uma práxis docente mais significativa e coerente com os desafios e necessidades da educação atual.

Em suma, a pesquisa-ação na abordagem qualitativa é um método que valoriza a participação ativa dos envolvidos, promovendo a investigação e a transformação da realidade educacional por meio de um processo colaborativo e reflexivo. É uma estratégia eficaz para promover mudanças significativas e atraentes no contexto escolar, levando em consideração as perspectivas e necessidades dos sujeitos envolvidos.

3.4 Sujeitos e lócus da pesquisa

Os sujeitos da pesquisa foram os docentes da primeira série do ensino médio, no contexto educacional das escolas pertencentes à Coordenadoria Distrital Escolar 7 (CDE7), localizadas na zona norte da cidade de Manaus, pertencentes à SEDUC/AM. Dentro das escolas da CDE7, apenas 22 oferecem o ensino médio regular. A escolha desse campo de pesquisa justifica-se pelo fato da pesquisadora fazer parte de uma dessas escolas, o que concedeu maior acesso e disponibilidade dos espaços e aos sujeito para participarem do estudo.

Com o objetivo de ressignificar a prática docente diante da implementação da Lei 13.415/2017, adotou-se uma amostra não probabilística intencional em três escolas da CDE7, levando em consideração o tempo necessário para realizar todas as etapas da pesquisa.

Nesse sentido, procuramos conhecer alguns documentos extremamente importantes no processo de implementação das mudanças no ensino médio no país, bem como para o processo de formação continuada dos docentes da Educação Básica. Esses documentos incluem a Lei 13.415/2017, as Diretrizes Curriculares Nacionais do Ensino Médio e a Resolução CNE/CP 1, de 27 de outubro de 2020, que estabelece as Diretrizes Curriculares Nacionais para a Formação Continuada de Professores da Educação Básica e institui a Base Nacional Comum para a Formação Continuada de Professores da Educação Básica.

Além disso, investigamos alguns documentos elaborados pela SEDUC/AM, disponíveis na sua Plataforma Educacional Saber Mais (https://www.sabermais.am.gov.br), como a Proposta Curricular Pedagógica do Ensino Médio do Amazonas e as Diretrizes Curriculares e Operacionais/UCCs.

Por conseguinte, iniciamos as visitas nas escolas participantes da pesquisa e as denominamos da seguinte forma: Escola 1, Escola 2 e Escola 3. A fim de cumprir a ética profissional, preservamos a identidade de cada participante durante a exposição das informações nesta pesquisa.

Na amostra não probabilística, de acordo com Oliveira (2007, p. 88), "[...] o pesquisador determina a quantidade de elementos, o número de pessoas aptas a responder um questionário". Por se tratar de uma amostra intencional, coube à pesquisadora decidir analisar o fenômeno sem fazer generalizações.

Para obtermos um melhor conhecimento do perfil desses profissionais, aplicamos um questionário semiestruturado que permitiu levantar uma série de dados comparáveis entre os vários participantes, que são formados em realidades diferentes e operam em contextos diversos.

Concordaram em participar da pesquisa um total de trinta docentes distribuídos entre as três escolas participantes. A proposta inicial da pesquisa era contar com um mínimo de vinte pessoas por escola. No entanto, ao aplicarmos o questionário nas escolas participantes, notamos que a quantidade de docentes atuantes nas turmas que vivenciam as mudanças advindas da implementação da Lei 13.415/2017 foi significativamente menor do que o esperado.

3.5 Coleta de dados

Em conformidade com Triviños (1987, p. 131), "[...] a coleta e análise dos dados não são divisões estanques", uma vez que ao serem coletadas as informações e interpretadas podem originar novas buscas de dados. Nesse sentido, no que se refere a procedimentos e instrumentos de coleta de dados, investigou-se a pertinência e o anseio por parte dos docentes para realização de uma proposta formativa sobre a cultura digital, como ela poderá ser inserida no contexto escolar, quais ferramentas tecnológicas poderiam auxiliar na promoção da cultura digital e como integrar a cultura digital no currículo escolar.

Primeiramente, para a elaboração da pesquisa, organizamos o referencial teórico por meio da análise bibliográfica, analisamos o contexto histórico do ensino médio no Brasil, a relevância da formação docente no desenvolvimento da prática, a cultura digital e as desigualdades de acesso, a articulação entre a cultura escolar e a formação docente.

Em seguida, por meio da análise documental, observamos a Proposta Curricular Pedagógica do Ensino Médio (PCP), que surge como material de apoio para a implementação da reforma nessa etapa escolar. Seu objetivo é fornecer um currículo capaz de não apenas proporcionar as aprendizagens essenciais para enfrentar os desafios contemporâneos, mas também contribuir para a formação de cidadãos capazes de participar de maneira consciente, ética e responsável na sociedade, fortalecendo a democracia.

A Proposta Curricular Pedagógica propõe elementos que auxiliam na compreensão dos desafios enfrentados pelos educadores e busca mostrar todas as possibilidades para a implementação de mudanças qualitativas dentro do processo de organização pedagógica. A PCP, assim como outros documentos orientadores do processo de implementação do Novo Ensino Médio, foi disponibilizada por meio da plataforma Saber Mais da Secretaria de Educação no início do ano letivo de 2022, durante a jornada pedagógica das escolas, que deveriam iniciar a vivência das mudanças curriculares propostas na semana seguinte.

Entre as mudanças do Novo Ensino Médio, destacamos a divisão entre a Formação Geral e a instituição dos Itinerários Formativos. A Formação Geral consiste nos componentes curriculares já existentes no currículo anterior, e os desafios propostos foram os Itinerários Formativos: Projeto de Vida, Projetos Integradores, Educação Financeira, Fiscal e Empreendedora, e Cultura Digital.

Realizamos visitas de campo nas três escolas participantes, onde obtivemos a amostra, utilizando para esse propósito o questionário semiestruturado e a observação da prática docente. Inicialmente, planejamos aplicar vinte questionários em cada escola, mas ao nos depararmos com a realidade de cada uma, percebemos que o número de docentes lotados no Novo Ensino Médio não condizia com o esperado.

Ainda em busca de dados para fundamentar a investigação, visitamos o Centro de Formação Profissional Padre Anchieta (CEPAN), coordenado pela Gerência de Formação Profissional da SEDUC/AM. O CEPAN foi criado com o objetivo de oferecer formação continuada a docentes e não docentes da rede pública de ensino do Amazonas, por meio de cursos e programas de atualização e aperfeiçoamento.

Por meio do CEPAN, obtivemos o relatório das ações de formação para o NEM desenvolvidas nos anos de 2021 e 2022.

3.6 Análise dos dados

Quanto à abordagem de análise dos dados da pesquisa, utilizamos a técnica de análise de conteúdo defendida por Laurence Bardin. Escolhemos essa metodologia porque ela nos auxiliou na sistematização dos dados obtidos e da observação das ações realizadas durante o processo de pesquisa-ação.

Para Gil (2010, p. 67), a análise de conteúdo "[...] visa descrever de forma objetiva, sistemática e qualitativa o conteúdo manifesto da comunicação". Assim, buscamos identificar, na fala dos docentes, as necessidades de formação docente frente aos desafios da implementação do Novo Ensino Médio que fomentem a apropriação da cultura digital.

Segundo Bardin (2016), a partir de uma visão simplificada, a análise de conteúdo estrutura-se em três fases: 1) pré-análise; 2) codificação; 3) categorização.

Na fase da pré-análise, foi o momento em que fizemos o primeiro contato com os documentos a serem submetidos à análise; essa fase tem por objetivo organizar as ideias iniciais, para isso, utiliza-se da leitura flutuante, que nada mais é do que as primeiras impressões obtidas nos textos e documentos escolhidos.

A escolha do material seguiu o princípio da representatividade, pois a análise foi efetuada com base em uma amostragem. Vejamos na Figura 2 as fases da referida técnica segundo Laurence Bardin.

Figura 2 – Fases da Análise de Conteúdo

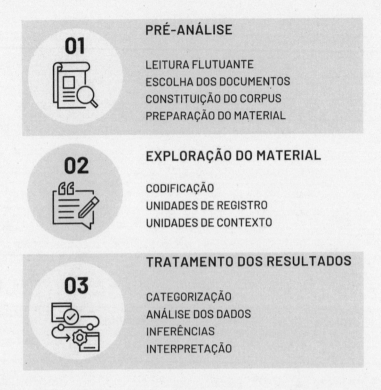

Fonte: elaborado (2022) com base em Bardin (2016)

Esse processo da escolha dos documentos aconteceu inicialmente através da investigação dos registros legais que norteiam a implementação de uma nova proposta para o ensino médio, entre os quais destacamos: a Lei 13.415/2017; a Base Nacional Comum Curricular; a Proposta Curricular do Ensino Médio; e Orientações Curriculares e Operacionais para Implementação dos Itinerários Formativos da SEDUC/AM. Além dos referidos documentos, foram utilizados os questionários semiestruturados e as observações de campo, constituindo assim o corpus do processo investigativo.

Ao observarmos a Lei 13.415/2017, identificamos as mudanças que essa Lei fez na LDB 9394/1996 concernentes à nova estrutura do ensino médio e à formação de professores da educação básica. Segundo a lei, "[...] os currículos dos cursos de formação de docentes terão por referência a Base Nacional Comum Curricular". Além do mais, em seu Art. 11 estabeleceu o prazo de dois anos, contados da data de homologação da BNCC, para que seja implementada a referida adequação curricular da formação docente.

Diante do exposto, o Conselho Nacional de Educação (CNE), através da Resolução 1, de 27 de outubro de 2020, apresentou as Diretrizes Curriculares Nacionais para a Formação Continuada de Professores da Educação Básica e instituiu a Base Nacional Comum para a Formação Continuada de Professores da Educação Básica (BNC-Formação Continuada), devendo esta ser implementada em todas as modalidades dos cursos e programas destinados à formação continuada de professores da educação básica.

Em consonância com a Resolução 1 do CNE, as Políticas da Formação Continuada de Professores para a Educação Básica são de competência dos sistemas de ensino da União, dos estados, do Distrito Federal e dos municípios, além disso, apresenta como um dos princípios norteadores nesse processo o reconhecimento e valorização das instituições de ensino como estrutura preferencial para o compartilhamento e a transmissão do conhecimento acumulado pela humanidade.

À vista disso, tivemos como referência a seguinte questão norteadora nesse processo reflexivo: Ações formativas serão capazes de contribuir no desenvolvimento da Cultura Digital entre os docentes que atuam no Ensino Médio a partir da implementação da Lei 13.415/2017?

Além da reflexão com base nos registros legais, essa fase foi contemplada com o primeiro contato com os dados obtidos através dos questionários semiestruturados.

Seguindo o processo, passamos para a segunda fase da análise de conteúdo, a exploração do material; caracterizada como a fase mais exaustiva, também denominada de codificação, nela foram consideradas as unidades de registro e unidade de contexto.

Para Bardin (2016, p. 133),

> [...] a codificação é o processo pelo qual os dados brutos são transformados sistematicamente e agregados em unidades as quais permitem uma descrição exata das características pertinentes do conteúdo.

Ou seja, no processo de codificação dos materiais, é fundamental estabelecer um código que possibilite identificar rapidamente cada elemento da amostra de depoimentos ou documentos a serem analisados.

Para realizar o tratamento dos dados obtidos utilizamos uma planilha no Excel para edição dos gráficos e o software ATLAS.ti, com o qual foi possível organizar os documentos primários (questionários, legislações, relatórios), as citações, os códigos, as notas e os esquemas gráficos. A partir dessa organização dos elementos, o corpus da pesquisa começou a ser sistematizado.

Através da exploração dos materiais definimos as unidades de registro, que executaram o "tema" enquanto critério de recorte na análise de conteúdo. A unidade de registro é representada pelos elementos unitários de conteúdo a serem submetidos posteriormente à classificação. Para isso, partimos para a coleta e análise dos dados através do questionário semiestruturado, à vista de compreender a lógica existente no significado expressado por cada participante.

Ainda na fase de codificação, destacamos um outro tipo de unidade de conteúdo, a unidade de contexto. Em conformidade com Bardin (2016, p. 137), a unidade de contexto "[...] serve de unidade de compreensão para codificar a unidade de registro e corresponde ao segmento da mensagem". Em suma, é uma unidade, de modo geral mais ampla do que a de registro, que serve de referência a esta, fixando limites contextuais para interpretá-la. Dessa forma, a análise apresentou os seguintes resultados:

O questionário foi disponibilizado aos professores atuantes no ensino médio das três escolas participantes, as primeiras questões buscavam conhecer a experiência desses profissionais no ensino médio e sua formação, o Gráfico 1 apresenta as seguintes respostas:

Gráfico 1 – Experiência dos participantes no ensino médio

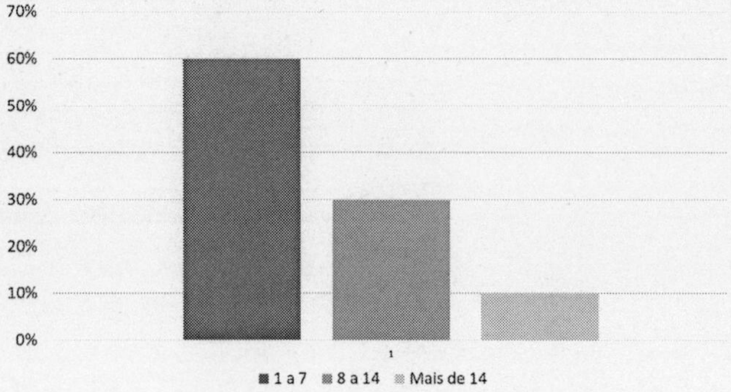

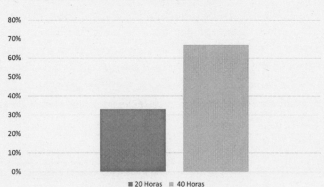

Fonte: elaborado com base nos dados da pesquisa (2022)

Conforme observado no Gráfico 1, foram consideradas três faixas temporais de experiência: a) de 1 a 7 anos; b) de 8 a 14 anos; e c) acima de 14 anos. Dos 30 participantes da pesquisa, 60% deles relataram ter experiência no ensino médio de 1 a 7 anos, ou seja, mais da metade dos participantes atuam há pouco tempo nesse nível de ensino, enquanto 30% dos respondentes possuem de 8 a 14 anos.

O Gráfico 2 representa a carga horária semanal dos participantes:

Gráfico 2 – Carga horária semanal dos participantes

Fonte: elaborado com base nos dados da pesquisa (2022)

A jornada de trabalho semanal é bem intensa, as respostas coletadas demonstraram que 67% dos participantes possuem uma carga horária semanal de 40 horas e os 33% restantes possuem uma carga de 20 horas, muitos atuam com regime complementar no outro turno para aumentar sua renda.

No Gráfico 3 apresentamos o nível de formação dos participantes.

Gráfico 3 – Qualificação dos participantes da pesquisa

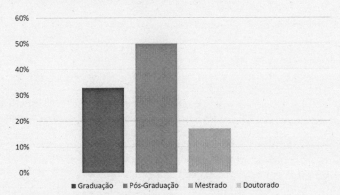

Fonte: elaborado com base nos dados da pesquisa (2022)

Observamos que a experiência profissional de cada sujeito em relação à educação escolar advém dos diversos saberes construídos ao longo de sua história de vida. Quanto à qualificação acadêmica, constatamos que 33% dos docentes possuíam graduação em diferentes áreas de ensino, 50% eram especialistas pós-graduados, 17% possuíam o título de mestrado e nenhum dos participantes tinha doutorado.

Após identificarmos os sujeitos da pesquisa, suas experiências e formações, solicitamos aos participantes que escrevessem sobre os desafios enfrentados em sua prática docente no ensino médio. Para essa pergunta, utilizamos uma questão aberta na qual cada participante expressou livremente sua opinião.

Para interpretar as respostas obtidas, optamos por criar categorias com o objetivo de separar as ideias centrais mais recorrentes nas falas dos participantes. Essa análise das respostas e subsequente criação de categorias é uma das características que conferem notoriedade à prática da análise de conteúdo de Bardin (2016).

De acordo com o Quadro 1, foram identificados três principais destaques nas respostas: a indisponibilidade de recursos materiais, a falta de formação docente e a falta de interesse dos alunos.

Quadro 1 – Desafios da prática docente no ensino médio

INDISPONIBILIDADE DE RECURSOS MATERIAIS		
PARTICIPANTE	ESCOLA	FRAGMENTO DAS FALAS
P10	1	"A falta de recursos didáticos para atender os conteúdos do Novo Ensino Médio; materiais de laboratórios para as aulas."
P9	2	"Falta recursos como: laboratório, internet e sala de informática."
P5	3	"Nem todos os alunos têm acesso à internet."
P3	3	"Falta de estrutura física (ambiente escolar, ou seja, sala com datashow, aparelho de som, lousa digital etc.)."
P2	3	"Falta de recursos tecnológicos e internet de qualidade na escola."
P1	3	"Trabalhar a inclusão digital sem ter recursos tecnológicos disponíveis."
FORMAÇÃO CONTINUADA		
PARTICIPANTE	ESCOLA	FRAGMENTO DAS FALAS
P7	1	"Dentre os desafios estão a falta de formação continuada e a limitação de recursos digitais."

INDISPONIBILIDADE DE RECURSOS MATERIAIS		
P2	1	"A falta de formação continuada pela própria Secretaria de Educação, a disponibilidade de materiais para trabalhar em sala de aula, discussões e troca de experiências e disponibilidade de horário para as formações."
P1	2	"Necessidade de formação continuada para que o docente se aproprie de ferramentas tecnológicas para uma prática inovadora."
. P3	1	"Falta de formação continuada e discussões sobre o Novo Ensino Médio; disponibilidade de horário para as formações."
P1	1	"Falta de formação direcionada ao Novo Ensino Médio, estrutura adequada e disponibilidade de horário para formação."
FALTA DE INTERESSE		
PARTICIPANTE	ESCOLA	FRAGMENTO DAS FALAS
P2	2	"São muitos os desafios, principalmente em relação à falta de aprendizagem dos discentes, pois falta interesse dos jovens pela aprendizagem."
P5	2	"Falta de interesse do aluno, recursos limitados."
P7	3	"O desinteresse dos alunos em aprender os conteúdos."
P6	2	"O desinteresse do aluno nas atividades propostas, desrespeito e infrequência."

Fonte: elaborado com base nos dados da pesquisa (2022)

Com base nas respostas dos participantes, fica evidente que a indisponibilidade de recursos materiais é um desafio recorrente enfrentado pelos docentes no ensino médio. Suas falas destacam a falta de recursos didáticos para atender aos conteúdos do Novo

Ensino Médio, a ausência de materiais de laboratórios, a carência de recursos como laboratório, internet e sala de informática, além da falta de estrutura física adequada, como salas equipadas com datashow, aparelhos de som e lousas digitais.

É perceptível que os participantes concordam, em certa medida, com os mesmos desafios e estão cientes das medidas necessárias para mitigá-los. Suas falas evidenciam a falta de investimento em recursos e materiais, como laboratórios e computadores com acesso à internet de qualidade, diante da nova estruturação curricular do ensino médio, que estabelece a realização de itinerários formativos, incluindo a possibilidade de formação técnica profissional. Conforme mencionado por Ferreira e Paim (2018, p. 97), "fica evidente a necessidade de um grande investimento, não só para adquirir esses laboratórios, mas também para disponibilizar recursos para a manutenção dos mesmos".

Essas respostas indicam que a escassez de recursos materiais e tecnológicos representa um obstáculo para a efetivação das práticas pedagógicas no ensino médio. Os docentes enfrentam dificuldades em oferecer experiências de aprendizagem enriquecedoras e atualizadas, especialmente diante das demandas do Novo Ensino Médio, que valoriza a integração de tecnologia, aulas práticas e acesso à informação.

Além disso, a falta de recursos tecnológicos e internet de qualidade nas escolas impacta diretamente a inclusão digital dos alunos. A ausência de infraestrutura adequada limita o acesso dos estudantes à internet e prejudica a promoção de atividades e recursos digitais, fundamentais para a formação dos alunos no mundo contemporâneo.

Essa análise das falas dos participantes enfatiza a importância de investimentos em recursos materiais e tecnológicos nas escolas, a fim de criar um ambiente propício para a implementação do Novo Ensino Médio e para promover uma educação inclusiva e de qualidade. É necessário buscar soluções para superar esses desafios, incluindo parcerias, captação de recursos e políticas públicas que garantam o acesso a recursos materiais e tecnológicos adequados às necessidades educacionais.

O segundo desafio destacado pelos docentes está relacionado à formação continuada. Em suas falas mencionam a falta de formação continuada, a limitação de recursos digitais e a necessidade de apropriação de ferramentas tecnológicas para uma prática inovadora.

Nesse sentido, Imbernón (2011) destaca que a formação continuada não deve ser vista apenas como uma necessidade de adquirir novos conhecimentos técnicos, mas também como um processo de desenvolvimento pessoal e profissional mais amplo. Ele enfatiza a importância de uma formação que promova a reflexão crítica sobre a prática profissional, incentivando os profissionais a questionarem suas próprias práticas, identificarem necessidades de mudança e buscarem soluções inovadoras.

Os participantes apontam a falta de formação continuada oferecida pela Secretaria de Educação como um dos desafios enfrentados. Eles expressam a importância de receber capacitação adequada para lidar com as demandas do Novo Ensino Médio, promovendo discussões sobre a nova abordagem curricular e a troca de experiências com outros profissionais.

Além disso, as falas também mencionam a disponibilidade de materiais para trabalhar em sala de aula e a necessidade de horários flexíveis para participar das formações. Isso indica que os docentes percebem a importância de recursos e tempo adequados para se dedicarem à sua formação contínua.

Essa análise das falas dos participantes revela a necessidade de investimento em programas de formação continuada voltados para as demandas específicas do Novo Ensino Médio. Os docentes desejam adquirir habilidades e conhecimentos que os capacitem a utilizar recursos tecnológicos de forma inovadora em suas práticas pedagógicas.

Para atender a essas demandas, é fundamental que as Secretarias de Educação promovam formações continuadas que abordem o contexto do Novo Ensino Médio, oferecendo discussões, trocas de experiências e acesso a materiais relevantes. Além disso, é importante que sejam consideradas a disponibilidade de recursos digitais e a flexibilidade de horários para que os professores possam se aprimorar de forma efetiva.

Dessa forma, a formação continuada se configura como uma estratégia fundamental para capacitar os docentes, permitindo que eles se adaptem às mudanças curriculares e apliquem práticas pedagógicas inovadoras que atendam às necessidades dos estudantes no contexto do Novo Ensino Médio.

Ainda com base nas respostas dos participantes, podemos inferir que a falta de interesse dos estudantes é um desafio enfrentado pelos docentes no ensino médio. Suas falas destacam o desinteresse dos alunos em aprender os conteúdos, o desinteresse nas atividades propostas, o desrespeito e a infrequência. A questão da falta de interesse dos alunos durante o ensino médio é preocupante e tem contribuído ao longo dos anos nos resultados insatisfatórios obtidos nas avaliações externas e nas taxas de reprovação, abandono e aprovação escolar.

Além disso, a falta de recursos tecnológicos e materiais adequados pode afetar o engajamento dos alunos nas aulas, tornando as atividades menos atrativas e limitando o acesso a experiências de aprendizagem enriquecedoras.

Da mesma forma, a falta de formação continuada dos docentes pode impactar a capacidade deles em criar estratégias pedagógicas inovadoras que despertem o interesse dos alunos. A ausência de formações direcionadas ao Novo Ensino Médio e a falta de discussões sobre as necessidades e interesses dos estudantes podem contribuir para o desinteresse e a desconexão entre os conteúdos ensinados e a realidade dos alunos.

Essa análise nos leva a reconhecer a importância de abordar o desafio do desinteresse dos alunos de forma holística. É necessário buscar soluções que envolvam a criação de ambientes de aprendizagem estimulantes, o desenvolvimento de práticas pedagógicas inovadoras e o estabelecimento de um diálogo aberto e empático com os estudantes.

Diante desses desafios, é fundamental buscar soluções que envolvam investimentos em recursos materiais e tecnológicos, programas de formação continuada que atendam às demandas do Novo Ensino Médio e estratégias pedagógicas que despertem o interesse dos alunos. A criação de ambientes de aprendizagem estimulantes, a promoção da inclusão digital e o estabelecimento de um diálogo aberto com os estudantes são medidas importantes para superar esses desafios e promover uma educação de qualidade no ensino médio. É necessário um esforço conjunto entre gestores, educadores, governos e sociedade para enfrentar esses desafios e garantir uma educação inclusiva, atualizada e relevante para os estudantes.

Outro questionamento realizado com os sujeitos da pesquisa foi buscar conhecer a frequência com que participam de atividades formativas ao longo do tempo de atuação no ensino médio. Para essa questão, foram adotadas três alternativas: nunca, frequentemente e raramente. Observando o Gráfico 4, podemos notar que, dos 30 professores participantes, 19 responderam que raramente frequentam atividades formativas, enquanto 10 participantes afirmaram que participaram com frequência, e apenas 1 participante relatou nunca participar.

Gráfico 4 – Participação dos docentes em formações

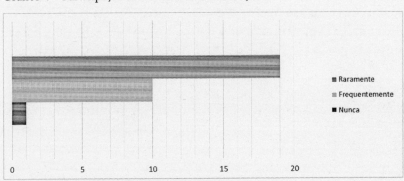

Fonte: elaborado com base nos dados da pesquisa (2022)

No questionamento seguinte, buscamos saber se os docentes tinham preferência por formações com ou sem mediação. Dos 30 participantes da pesquisa, 26 afirmaram que preferem formações com auxílio de um mediador, o que indica que formações através da Educação à Distância (EaD) são limitadas em alguns aspectos.

Nesse sentido, retomamos o primeiro objetivo específico da pesquisa, que é identificar, no âmbito da SEDUC/AM, as ações formativas relacionadas à inserção da cultura digital entre os docentes do Novo Ensino Médio (NEM). Para isso, visitamos o Centro de Formação Padre Anchieta (CEPAN), órgão responsável por desenvolver atividades formativas na SEDUC.

O CEPAN disponibilizou o relatório das ações formativas para o NEM, referente aos anos de 2021 e 2022, que apresentou oportunidades formativas no formato EaD para os docentes da Secretaria de Educação e Desporto do Amazonas (SEDUC/AM).

Ao analisar esse documento, compreendemos que a SEDUC, através do CEPAN e de outras instituições parceiras, desenvolveu vários cursos formativos direcionados para o contexto das mudanças do NEM nos referidos anos. No entanto, apesar da grande oferta de vagas, muitos dos inscritos não iniciavam os cursos e outros iniciavam, mas não concluíam o processo formativo. Essa informação pode estar relacionada à preferência dos docentes por formações com mediação, já que as oportunidades formativas no formato EaD podem não atender completamente às suas necessidades e expectativas.

Concluindo uma etapa de análise dos dados coletados, buscamos diagnosticar, por meio do questionário semiestruturado, o uso de ferramentas tecnológicas que auxiliem na promoção da cultura digital entre os docentes do Novo Ensino Médio (NEM). Para isso, perguntamos aos participantes quais recursos tecnológicos foram utilizados durante suas aulas. Entre as respostas, os recursos mais mencionados foram: celular, computador e projetor multimídia.

Também indagamos para quais finalidades os docentes utilizavam esses recursos. As respostas mais destacadas foram: projeção de slides e realização de pesquisas.

Além disso, questionamos se havia alguma ferramenta tecnológica digital, aplicativos ou programas que os docentes não dominavam, mas gostariam de aprender para auxiliar em suas aulas. As respostas mais relevantes estavam relacionadas a programas ou aplicativos que auxiliam no uso da gamificação, edição de vídeos e preparação de materiais visuais.

A partir dessas discussões, podemos inferir que os docentes do Novo Ensino Médio já fazem uso de recursos tecnológicos básicos, como celular, computador e projetor multimídia, durante suas aulas. No entanto, há um interesse em explorar ferramentas mais avançadas, como programas de gamificação, edição de vídeos e criação de materiais visuais, a fim de enriquecer suas práticas pedagógicas e promover uma experiência mais engajadora e interativa para os alunos. Essa demanda por conhecimentos tecnológicos mais específicos sugere a necessidade de formações e capacitações voltadas para o desenvolvimento dessas habilidades entre os docentes.

Nesse sentido, partimos para a construção de uma proposta formativa, a ser descrita no próximo capítulo. Essa proposta tem como objetivo fornecer conhecimentos relacionados à utilização de recursos educacionais digitais, que podem auxiliar na prática docente e contribuir para o desenvolvimento da Cultura Digital entre os professores que atuam no ensino médio.

CAPÍTULO 4

PROPOSTA FORMATIVA: CULTURA DIGITAL EM AÇÃO

Decorrente dos dados constatados, apresentamos e descrevemos neste capítulo o produto educacional direcionado à formação continuada de professores. Trata-se de um Guia Formativo, intitulado "Cultura Digital em Ação".

A criação do produto educacional objetivou reconhecer a importância da cultura digital no contexto escolar, vivenciando o uso de recursos educacionais digitais, oportunizando uma formação continuada em serviço aos docentes do ensino médio da Rede Estadual de Educação e Desporto do Amazonas (SEDUC/AM), na modalidade de encontros presenciais, no próprio ambiente onde desenvolvem suas práticas.

Trata-se de uma proposta de formação continuada em serviço, desenvolvida a partir dos dados obtidos durante a pesquisa realizada com trinta docentes do ensino médio pertencentes a três escolas da Secretaria de Estado de Educação e Desporto Escolar (SEDUC/AM), localizadas na zona norte da cidade de Manaus.

O conceito de formação continuada abrange diferentes abordagens, mas está principalmente associado ao desenvolvimento pessoal e profissional. Em consonância com Imbernón (2011), essa formação permite aos profissionais avaliar a necessidade potencial e a qualidade da inovação educativa que deve ser introduzida constantemente nas instituições. Esse conhecimento profissional é fortalecido no processo educativo quando há interação entre os professores e valorização das experiências e vivências.

Considerando a formação de professores como um processo reflexivo essencial para a transformação da prática docente, a proposta de formação continuada em serviço na modalidade presencial foi elaborada e estruturada em dois momentos.

No primeiro momento, intitulado "A prática docente e a Cultura Digital", são apresentados conceitos e fundamentos teóricos que embasam a proposta, tais como a cultura digital, a formação continuada e a cultura escolar. Além disso, são indicados livros e ambientes virtuais de aprendizagem que possibilitam o desenvolvimento e a adição das experiências formativas dos professores.

No segundo momento, encontra-se o guia formativo, composto por quatro encontros, nos quais são explorados diversos recursos digitais destinados a auxiliar os profissionais da educação. Vale ressaltar que, embora sigam uma ordem numérica, os encontros não são necessariamente sequenciais e podem ocorrer simultaneamente, sem a necessidade de relação entre as temáticas abordadas.

Para cada encontro, foi fornecido um plano orientador com sugestões de atividades para serem desenvolvidas. Cada encontro foi projetado com uma duração idealizada de duas horas, totalizando aproximadamente oito horas de carga horária, sujeita a ajustes de acordo com o progresso das atividades. No entanto, é importante destacar que o guia pode ser adaptado de acordo com a disponibilidade de tempo de cada usuário.

A área de conhecimento abrangida no produto foi o Ensino, visando promover a formação profissional dos educadores, capacitando-os para lidar com os desafios da cultura digital na sala de aula. O Produto Educacional passou por uma avaliação rigorosa por um comitê *ad hoc* formado por pedagogos, professores, formadores, mestres e especialistas que desenvolvem pesquisas nessa área.

É importante ressaltar que o produto educacional está disponível de forma irrestrita, preservando-se os direitos autorais e proibindo o seu uso comercial. Ele foi concebido para ser acessado em formato digital, proporcionando maior flexibilidade e facilidade de uso aos professores interessados em aprimorar suas práticas pedagógicas.

4.1 Idealização da proposta formativa

Inicialmente, a idealização para desenvolver um guia formativo relacionado à cultura digital justificou-se através da necessidade observada na prática docente durante o período de aulas remotas no ano de 2020, ano marcado pelo isolamento social e por inúmeras mudanças nas atividades laborais em todas as áreas de trabalho. Nesse contexto, a prática docente também precisou ser reestruturada reconhecendo a importância que a cultura digital e a apropriação dos recursos tecnológicos trazem à educação.

Em seguida, foi possível constatar essa necessidade durante a coleta de dados, quando perguntado sobre a participação em atividades formativa relacionadas ao desenvolvimento da Cultura Digital entre os docentes atuantes no Novo Ensino Médio: 24 dos participantes da pesquisa responderam que não participaram.

Diante dessa realidade, foi imprescindível refletir sobre a cultura digital no ambiente educacional, considerando o uso da tecnologia como ferramenta para aprimorar o ensino e o aprendizado, ou seja, trazer a transformação digital que estamos vivenciando nos últimos tempos para dentro do ambiente escolar e fazer dela um instrumento em benefício do ensino.

A cultura digital faz parte da vida cotidiana das novas gerações. Ela ocasiona mudanças na maneira de acessar a informação e gerenciar o conhecimento, comparadas às das gerações anteriores. Nessa perspectiva, é necessário que os professores reflitam sobre as metodologias de ensino que utilizam em sala de aula e as adaptem às novas formas de aprender dos alunos.

As atividades de planejamento e avaliação do Produto Educacional incluíram a definição da estrutura dos encontros formativos, a seleção de recursos educacionais digitais, a curadoria de materiais, a escolha e estruturação da ferramenta de mídia, a elaboração da escrita, a diagramação e formatação do produto, a construção de um site para acesso aos recursos e realização dos encontros com os participantes da pesquisa. Além disso, foram abrangidas as atividades de avaliação do produto, incluindo o envio do convite ao Comitê *ad hoc*, o compartilhamento do produto educacional, a realização de estimativas por meio de julgamentos e a análise das avaliações recebidas.

Nesse intento, o produto educacional em questão diz respeito a um guia formativo em serviço centrado na reflexão e no desenvolvimento de estratégias relacionadas à competência cultura digital. Ele está dividido em dois momentos, no primeiro refletimos sobre os aportes teóricos que fundamentaram a pesquisa; no segundo desenvolvemos os encontros formativos.

4.2 Desenvolvimento da proposta formativa

O desenvolvimento do guia formativo foi estruturado de acordo com a proposta metodológica da pesquisa-ação por se tratar de uma experiência *in loco*. De acordo com Thiollent (1986), a pesquisa-ação é uma estratégia metodológica na qual há uma clara interação entre pesquisador e pessoas implicadas na investigação.

Nesse tipo de pesquisa, os participantes são envolvidos ativamente em todas as fases do processo, desde o planejamento e a coleta de dados até a análise e a interpretação dos resultados. Eles contribuem com suas perspectivas, experiências e conhecimentos, ajudando a identificar problemas, desenvolver estratégias de ação e implementar mudanças.

Os resultados da pesquisa são frequentemente compartilhados de forma acessível e voltados para ações concretas, permitindo que os envolvidos tomem decisões informadas e implementem mudanças significativas em suas práticas.

Nesse sentido, como podemos visualizar na Figura 3, organizamos o desenvolvimento do guia formativo em quatro etapas principais: Diagnóstico, Planejamento, Implementação e Avaliação.

Figura 3 – Etapas no desenvolvimento do Produto

DIAGNÓSTICO
Revisão de literatura;
Coleta e análise de dados;
Aplicação de questionário;
Observação participante;
Caracterização do
público alvo;

PLANEJAMENTO
Definição dos
parâmetros do Produto
Educacional;
Curadoria dos materiais;
Criação de um protótipo.

ETAPAS DO DESENVOLVIMENTO DO PRODUTO EDUCACIONAL

AVALIAÇÃO
Composição de um
comitê ad hoc;
Envio do produto ao
comitê avaliador;
Reflexão sobre as
considerações do comitê.

IMPLEMENTAÇÃO
Realização do1º teste;
Análise dos resultados do 1º
teste e adequação às
necessidades do público alvo.
Realização do 2º teste e ajustes
no Produto Educacional.

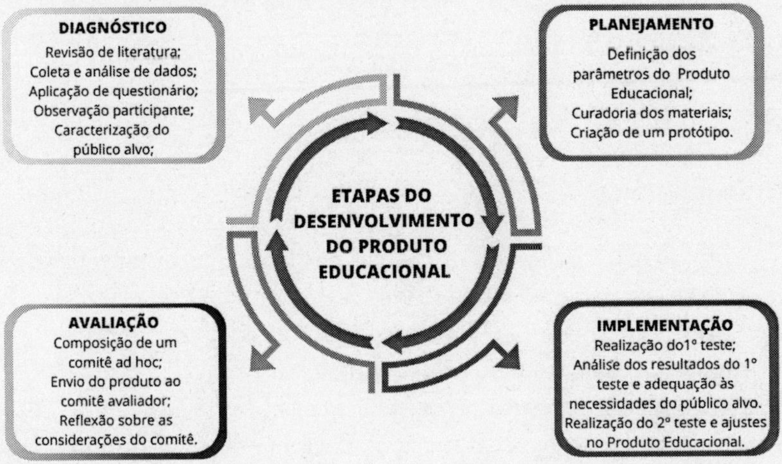

Fonte: elaboração própria (2023)

O desenvolvimento do guia formativo tomou como base os fundamentos teórico-metodológicos da abordagem qualitativa que se preocupa com uma visão organizada do problema ou objeto de estudo, no caso específico desta proposta, a necessidade de formação continuada que contribua na apropriação da cultura digital entre os docentes do Novo Ensino Médio.

A pesquisa qualitativa é uma abordagem de pesquisa que se concentra em compreender as experiências, perspectivas e significados atribuídos pelos participantes de um estudo.

Segundo Oliveira (2007, p. 60), podemos caracterizar uma pesquisa qualitativa como "[...] um estudo detalhado de um determinado fato, objeto, grupo de pessoas ou ator social e fenômeno da realidade". Nesse sentido, cabe destacar a singularidade de cada cultura escolar, seus espaços, bem como seus sujeitos e práticas escolares.

Ao planejar e conduzir uma pesquisa qualitativa, é fundamental estabelecer uma abordagem metodológica clara, garantir a ética na pesquisa e considerar a subjetividade do pesquisador, uma vez que suas próprias perspectivas podem influenciar a interpretação dos dados. Além disso, a análise de dados na pesquisa qualitativa é geralmente um processo interativo e indutivo, envolvendo a identificação de temas, categorias e relações entre os dados coletados.

4.3 DIAGNÓSTICO

Durante a etapa diagnóstica, enquanto os documentos da pesquisa estavam sendo submetidos ao Comitê de Ética em Pesquisa em Seres Humanos (CEPSH), ocorreu a construção do referencial teórico através da análise bibliográfica sobre a relevância da formação docente no desenvolvimento da sua prática, a cultura digital e as desigualdades de acesso, a articulação entre a cultura escolar e a formação docente e, por fim, analisamos bibliografias que retratam o contexto histórico do ensino médio no Brasil. Em seguida, através da análise documental, observamos a Proposta Curricular Pedagógica do Ensino Médio (PCP).

Com o parecer favorável do Comitê de Ética em Pesquisa, iniciamos a coleta de dados na abordagem qualitativa; foram utilizados questionários semiestruturados, observação da prática docente nas escolas participantes da pesquisa e através de visita ao Centro de Formação Padre Anchieta (CEPAN) para identificar, no âmbito da Secretaria de Estado de Educação e Desporto Escolar (SEDUC/AM), ações formativas relacionadas à inserção da cultura digital entre os docentes do Novo Ensino Médio.

Quanto à abordagem de análise dos dados coletados, utilizamos a técnica defendida por Laurence Bardin, a análise de conteúdo. Segundo Bardin (2016), a partir de uma visão simplificada, a análise de conteúdo estrutura-se em três fases: 1) pré-análise; 2) codificação; 3) categorização.

Para Gil (2010, p. 67), a análise de conteúdo "[...] visa descrever de forma objetiva, sistemática e qualitativa o conteúdo manifesto da comunicação". Assim, buscamos identificar na fala dos docentes as necessidades de formação docente frente aos desafios da implementação do Novo Ensino Médio que fomentem a apropriação da cultura digital.

4.4 PLANEJAMENTO

Na etapa do planejamento, três parâmetros foram definidos com base na categorização do conteúdo analisado durante a coleta de dados; o primeiro diz respeito à estruturação do produto em uma formação continuada em serviço realizada em formato presencial.

Escolhemos materializar o produto educacional em um guia formativo em serviço para facilitar o acesso e implementação entre os docentes atuantes no ensino médio, pois identificamos durante a pesquisa, através do relatório das ações formativas para o Novo Ensino Médio, realizado pelo Centro de Formação Padre Anchieta (CEPAN) durante os anos de 2021 e 2022, que inúmeras oportunidades formativas no formato EaD foram disponibilizadas aos docentes da Secretaria de Educação e Desporto Escolar (SEDUC/AM); contudo, poucos docentes concluíram tais formações, conforme demonstra o Gráfico 5 dos cursos oferecidos pela Gerência de Formação (GEFOR).

Gráfico 5 – Novo Ensino Médio — Itinerários Formativos de Professores / UCC

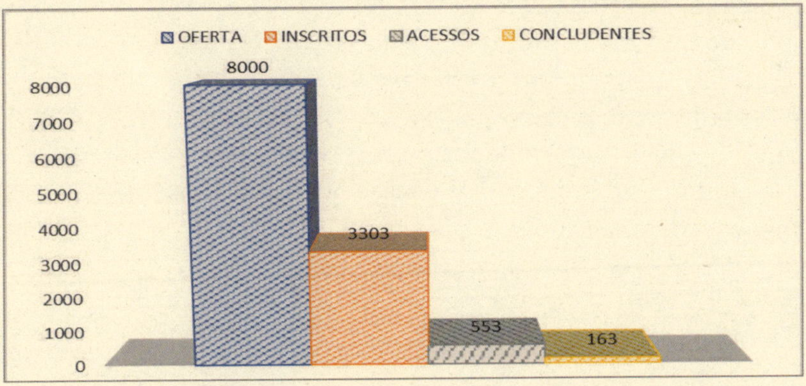

Fonte: CEPAN (2022)

Percebemos através dos resultados apresentados no referido relatório que desenvolver um guia formativo em EaD não seria uma opção com um alcance positivo; partindo desse pressuposto, organizamos uma proposta formativa a ser desenvolvida no próprio ambiente escolar, atendendo ao que orienta a Resolução do CNE/CP 1, de 27 de outubro de 2020, que dispõe sobre as Diretrizes Curriculares Nacionais para a Formação Continuada de Professores da Educação Básica e institui a Base Nacional Comum para a Formação Continuada de Professores da Educação Básica (BNC-Formação Continuada), que em seu Art. 7º apresenta a formação em serviço na escola como a mais efetiva para melhoria da prática pedagógica, por proporcionar o acompanhamento e a continuidade necessária para mudanças resilientes na atuação do professor.

Imbernón (2011) apresenta a formação centrada na escola como uma possibilidade de entrelaçamento colaborativo entre os profissionais de educação. Nessa perspectiva, é importante oportunizar aos professores uma aprendizagem em seu contexto de atuação e sua aplicabilidade, fazendo com que esse profissional vivencie a aprendizagem de forma ativa e contextualizada.

Outro parâmetro que norteou o planejamento do guia formativo em serviço foi a definição dos assuntos de cada encontro, os quais tiveram como base os resultados obtidos nos questionários aplicados aos participantes da pesquisa. Inicialmente, procuramos identificar qual temática formativa mais despertaria interesse de aprofundamento entre os participantes; em conformidade com o Gráfico 6, mais da metade das respostas demonstram o desejo em aprender mais sobre recursos educacionais digitais e novas metodologias para o ensino.

Gráfico 6 – Temáticas formativas

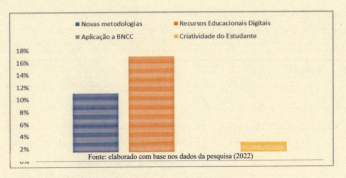

Fonte: elaborado com base nos dados da pesquisa (2022)

Para delimitar entre os recursos educacionais digitais existentes, perguntamos aos participantes qual ferramenta tecnológica digital, aplicativos ou programas que não dominam e gostariam de aprender para auxiliar suas aulas. Como vemos no Gráfico 7, quase metade dos entrevistados sinalizaram o desejo em conhecer recursos digitais voltados para a aplicação da gamificação, assim como aprender sobre as funcionalidades do aplicativo Canva e sobre ferramentas digitais que auxiliem na edição de videoaulas, assim sendo, selecionamos as três opções com maiores percentuais para estruturar os encontros.

Gráfico 7 – Ferramentas tecnológicas que os entrevistados desejam aprender

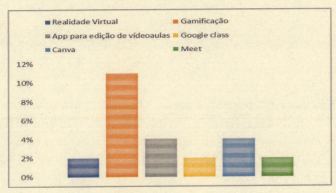

Fonte: elaborado com base nos dados da pesquisa (2022)

Por fim, o terceiro parâmetro observado durante o planejamento do produto educacional está relacionado à estruturação da carga horária, pois uma das dificuldades descritas pelos participantes da pesquisa foi a falta de tempo fora da sua jornada de trabalho para participarem de práticas formativas, considerando o expressivo número de docentes com regime de 40 horas semanais. Assim, estruturamos o guia formativo em duas partes, a primeira aborda os referenciais teóricos que embasam a proposta e a segunda foi composta por quatro encontros com estimativa aproximada de duas horas para cada um, visando à sua execução na escola no Horário de Trabalho Pedagógico (HTP) com possibilidade de ser realizado separadamente, garantindo aos professores mais duas horas do seu HTP semanal para o desenvolvimento de outras atividades pedagógicas.

Cabe destacar o fundamental papel da equipe gestora na garantia do HTP docente para que a prática formativa em serviço pudesse acontecer; também vale ressaltar que o tempo de duas horas foi importante para o engajamento por parte dos docentes.

Uma formação continuada em serviço implica a qualidade da educação, os processos de gestão democrática ao ensinar, aprender e compartilhar saberes e a avaliação enquanto lócus de fortalecimento da humanidade necessária à formação de cidadãos.

Dando continuidade ao período de planejamento, realizamos a curadoria dos recursos e materiais utilizados, considerando as necessidades apresentadas durante a análise dos questionários aplicados. A seleção dos recursos exigiu bastante cautela, principalmente na escolha dos tutoriais; para isso, buscamos escolher vídeos curtos, atrativos e objetivos.

Em seguida, partimos para a criação de um protótipo. Na Figura 4 temos uma visão da sua capa e sumário. Como relatado anteriormente, estruturamos o guia formativo em dois momentos. No primeiro, intitulado: "A prática docente e a Cultura Digital", apresentamos conceitos e fundamentos teóricos que embasam a proposta, entre os quais: cultura digital, formação continuada e cultura escolar. Além desses conceitos, indicamos livros e ambientes virtuais de aprendizagem que possibilitem desenvolver e ampliar experiências formativas. No segundo momento, apresentamos o guia formativo composto por quatro encontros.

Figura 4 – Capa e Sumário do Produto Educacional

Fonte: elaboração própria (2022)

Como demonstra a Figura 5, cada encontro explora diferentes recursos educacionais digitais que auxiliarão os docentes no desenvolvimento das suas aulas, tornando-as atrativas e dinâmicas. Apesar de seguir uma ordem numérica, os encontros não são sequenciais, podendo acontecer em momentos diferentes sem necessidade de relacionar uma temática a outra.

Figura 5 – Temas dos Encontros Formativos

Fonte: elaboração própria (2022)

Para cada encontro, apresentamos um plano formativo com os caminhos a serem percorridos; apesar da sugestão da carga horária, o formador tem liberdade para organizar a distribuição do tempo e delinear seu percurso didático; ademais, propomos na estrutura dos encontros três momentos que interligam as ações a serem desenvolvidas como podemos ver na Figura 6.

Figura 6 – Estrutura dos Encontros Formativos

Fonte: elaboração própria (2022)

Por se tratar de uma proposta formativa que fomenta a utilização de tecnologias digitais, propomos seu desenvolvimento em uma sala de informática ou ambiente similar; considerando a necessidade da utilização de dispositivos digitais, salientamos que o produto educacional pode ser utilizado no formato impresso ou digital, sendo limitado à conexão de internet.

Para estruturação gráfica do guia formativo, optamos pela utilização da ferramenta Canva por possibilitar uma diversidade de opções em designs e elementos que facilitam o desenvolvimento do documento. Com um protótipo do guia formativo "Cultura Digital em Ação" estruturado, foi realizado um teste com os participantes de uma das três escolas na qual a pesquisa foi desenvolvida, dando início à etapa da implementação. O desenvolvimento de um protótipo permite testar e validar funcionalidades da ideia selecionada (Silva, 2018).

4.5 Implementação

Com o objetivo de verificar a funcionalidade do guia formativo, o teste foi aplicado com nove professores e conduzido pela própria pesquisadora. Nessa etapa, após o desenvolvimento das atividades formativas, foi possível estabelecer métricas com base no *feedback* fornecido pelos participantes, o que auxiliou em mudanças e melhorias do produto.

Apesar de toda a preparação do ambiente e dos dispositivos para condução do encontro formativo, um dos ajustes observados para melhoria foi a necessidade de elaboração de slides que auxiliem o formador na orientação das atividades práticas e nas apresentações. Dessa forma, elaboramos quatro slides, um para cada encontro, com a sequência das atividades.

Após a realização das mudanças necessárias, convidamos uma professora para conduzir um segundo teste, a fim de obter a perspectiva de outra pessoa na condução da formação. Para maximizar o *feedback*, fornecemos à professora que realizou a formação uma Ficha de Verificação do Protótipo para registrar as observações a partir de uma outra perspectiva.

Em suas observações, ela relatou que: "Durante a aplicação da formação, vários professores demonstraram satisfação ao conhecer os recursos apresentados e se envolveram no processo de aprendizagem para utilizá-los e aplicá-los em suas rotinas em sala de aula".

Durante o segundo teste, a pesquisadora participou do encontro como espectadora, o que lhe possibilitou identificar outras mudanças necessárias em relação às atividades de interação propostas e à reestruturação da carga horária nos planos formativos.

As considerações registradas na Ficha de Verificação do Protótipo apontaram a necessidade de um ambiente para organização dos recursos do guia formativo visando melhorar a acessibilidade, foi quando criamos um website também denominado Cultura Digital em Ação, através do qual o formador poderá fazer download dos slides, dos vídeos e do guia formativo, e ter acesso a outros materiais de apoio disponibilizados. Após ajustes e reorganização das sugestões obtidas durante os dois testes, o guia formativo "Cultura Digital em Ação" passou pela etapa de avaliação por um comitê ad hoc.

4.6 Avaliação

A etapa da avaliação foi significativa para validação do produto, pois constituiu o momento de verificação dos objetivos idealizados no início da pesquisa e durante a elaboração do guia formativo.

A validação consiste na identificação de evidências que permitam avaliar a adequação e a interpretação de resultados do produto a partir de critérios estabelecidos (Rizzatti *et al.*, 2020).

Inicialmente, para condução da avaliação, foram produzidos alguns documentos que nortearam essa etapa, entre os quais: carta-convite, ficha de avaliação, orientações para avaliação e o Termo de Consentimento Livre Esclarecido (TCLE).

Para composição do Comitê *ad hoc*, foi enviado um e-mail para a Secretária Executiva Adjunta Pedagógica da SEDUC e para o Chefe da Divisão de Desenvolvimento Profissional do Magistério (DDPM), solicitando permissão para convidar formadores do Centro de Formação Padre Anchieta (CEPAN) e Gerência de Formação Continuada (GFC) para fazerem parte do comitê avaliador.

Seguindo o processo, também foram encaminhados e-mails com carta-convite para quinze especialistas que atendessem aos seguintes critérios:

- Ser profissional da área da educação;

- Ter conhecimentos sobre a formação de professores;

- Possuir conhecimento básico de acesso à internet;

- Ter disponibilidade para atuar na análise do Produto Educacional.

O Comitê teve como presidente a Profa. Dra. Ana Cláudia Ribeiro de Souza, orientadora da mestranda, e foi composto por dez profissionais que aceitaram o Termo de Consentimento com um perfil análogo ao público para o qual o guia formativo foi arquitetado.

O Comitê *ad hoc* recebeu por e-mail o Guia Formativo "Cultura Digital em Ação", as orientações para avaliação do produto educacional e o Formulário de Avaliação do Produto, que foi adaptado no Google Forms. O período para coleta e análise dos dados ocorreu do dia 17 a 30 de abril de 2023.

Em sua estruturação, o Formulário de Avaliação do Produto foi organizado em quatro seções; na primeira, obtivemos dados de identificação dos avaliadores; nas próximas três seções, foram descritas as dimensões a serem avaliadas: Relevância do produto; Pertinência à realidade educacional; Aplicação do produto. Para cada dimensão avaliada houve também um campo para inclusão de comentários e sugestões que ajudaram na melhoria do produto.

Dentro de cada dimensão houve um conjunto de critérios, com afirmações nas quais os avaliadores marcaram a opção que melhor representou sua concordância com respeito às afirmações apresentadas sobre o produto educacional, respeitando a seguinte escala de opções: discordo, concordo em parte e concordo.

Na primeira seção, constituída com os dados de identificação, é possível vislumbrar a faixa etária, o gênero, a natureza de formação e a titulação dos avaliadores que compõem o Comitê *ad hoc*. Todos os componentes do Comitê são servidores públicos atuantes nas redes estadual e municipal de ensino. Quanto ao gênero, 70% dos avaliadores são do sexo feminino e 30% do sexo masculino; em relação à natureza de formação acadêmica, 60% são graduados em Pedagogia, 20% em Ciências da Natureza, 10% em Geografia e 10% em Letras Língua Portuguesa.

No que diz respeito à titulação, 60% dos membros do Comitê possuem a qualificação de mestres, 30% são especialistas com pós--graduação e 10% possui o título de doutorado.

Dando seguimento ao Formulário de Avaliação do Produto, a segunda seção, direcionada à Dimensão 1: Relevância do produto, que apresenta um conjunto de elementos que demonstraram as possibilidades efetivas de contribuição do guia formativo para apropriação da cultura digital no espaço escolar, como demonstrado no próximo quadro, representa a visão geral da dimensão avaliada.

Quadro 2 – Visão geral da Dimensão 1: Relevância do produto

DIMENSÃO 1 – RELEVÂNCIA DO PRODUTO	OPÇÕES DE RESPOSTA		
	D	CEP	C
O produto educacional reconhece a importância da Competência Cultura Digital em conformidade com a Base Nacional Comum Curricular no contexto educacional.		1	9
O produto educacional é um documento que irá contribuir para formação continuada em serviço de profissionais da educação.			10
O produto educacional propicia o uso de recursos educacionais digitais.			10
O produto educacional auxilia na criação de tecnologias digitais significativas para prática docente.		1	9
O conteúdo abordado no produto educacional é relevante para a apropriação da cultura digital.		1	9

DIMENSÃO 1 – RELEVÂNCIA DO PRODUTO	OPÇÕES DE RESPOSTA		
	D	CEP	C
O produto educacional integra diferentes recursos que auxiliam na formação docente.			10
O produto educacional é pertinente, pois possibilita a realização de formação continuada no próprio espaço escolar durante o horário de trabalho pedagógico (HTP).			10
D: Discordo; CEP: Concordo em parte; C: Concordo.			

Fonte: Formulário de Avaliação do Produto (2023)

Conforme visto no Quadro 6, quase todos os elementos referentes à Dimensão 1 obtiveram aprovação de seu público de avaliadores. Apenas alguns itens obtiveram avaliação tendo como resposta a opção concordo em parte (CEP), o que demonstra que, para os 10 profissionais de educação, o guia formativo "Cultura Digital em Ação" é relevante aos propósitos que concorreram para sua concepção. Nesse sentido, alguns avaliadores deixaram suas apreciações sobre a dimensão Relevância do produto educacional:

Quadro 3 – Apreciação dos avaliadores — Dimensão 1

AVALIADOR	COMENTÁRIOS
A6	"Muito pertinente o produto, pois primeiramente conduz à reflexão sobre e para prática docente e para a prática."
A5	"O guia formativo intitulado Cultura Digital em Ação apresenta uma diversidade de conteúdos em relação às tecnologias digitais disponíveis para o professor utilizar em sala de aula e diversificar sua metodologia de ensino com os alunos."
A7	"O design do produto é bem intuitivo e a organização dos conteúdos está bem feita para auxiliar o professor formador."

AVALIADOR	COMENTÁRIOS
A4	"As reflexões feitas na dimensão 1 apontam para uma nova forma de conceber a importância da Cultura Digital no processo de formação docente."
A8	"A dimensão está muito bem estruturada, e penso que está estruturada para que os docentes possam utilizar o produto em sua formação continuada. Sugiro mais detalhamento sobre a contribuição da cultura digital para as práticas pedagógicas na exposição teórica do guia formativo."
A2	"Acerca da pergunta: O produto educacional auxilia na criação de tecnologias digitais significativas para prática docente?, penso que ele auxilia na elaboração de práticas pedagógicas, e não necessariamente na criação de tecnologias digitais."
A1	"Parabéns pela iniciativa! Este tipo de material auxilia e muito como mais uma sugestão ao indicar possibilidades de recursos e temas para serem discutidos e refletidos pelos professores para melhoria da sua prática e reflexão desta."
A3	"O produto educacional apresentado é relevante na medida em que apresenta uma série de ferramentas relacionadas à cultura digital. Uma possível sugestão seria acrescentar na sua introdução a relação que as gerações têm com a tecnologia e como isso afeta sua apropriação dessa mesma cultura."

Fonte: Formulário de Avaliação do Produto (2023)

Uma contribuição significativa deixada por um dos avaliadores foi uma sugestão relacionada ao primeiro encontro do guia formativo. Foi recomendada a utilização de um vídeo para auxiliar na compreensão do conceito de Cultura Digital como competência da Base Nacional Comum Curricular (BNCC). Consideramos a sugestão muito relevante e fizemos a atualização no produto.

Dando continuidade, foi avaliada a Dimensão 2: Pertinência do produto à realidade educacional; as afirmações disponibilizadas nessa seção estavam relacionadas aos aspectos referentes à adequação ou sentido da existência do produto para a formação continuada em serviço, com vistas a conhecer a percepção dos docentes sobre os aspectos didáticos e estruturais.

'Nessa perspectiva, foram oferecidas cinco afirmativas relacionadas à apropriação do produto à prática formativa, à organização do produto no que diz respeito à sua carga horária, recursos disponíveis e atividades propostas.

Quadro 4 – Visão geral da Dimensão 2: Pertinência à realidade educacional

DIMENSÃO 2 – PERTINÊNCIA À REALIDADE EDUCACIONAL	OPÇÕES DE RESPOSTA		
	D	CEP	C
A ação formativa deve ser um processo de desenvolvimento pessoal constante através de reflexão da prática pedagógica; considerando que a escola precisa ser percebida como um espaço de reflexão e formação, o presente produto é apropriado à realização dessa prática.		1	9
O produto educacional possui uma organização adequada para alcançar os objetivos aos quais se propõe.		1	9
Os recursos didáticos, tal como proposto neste produto educacional, são apropriados para obtenção de habilidades relacionadas à cultura digital.		1	9
As atividades propostas nos encontros formativos são convenientes aos temas apresentados.			10
A carga horária planejada para execução do produto educacional é adequada às atividades propostas.		2	8
D: Discordo; CEP: Concordo em parte; C: Concordo.			

Fonte: Formulário de Avaliação do Produto (2023)

De acordo com os resultados expostos no Quadro 4, nenhum dos avaliadores discordou das afirmações propostas; entretanto, em quatro itens obtivemos como resposta a opção concordo em parte (CEP). Observando as considerações descritas por parte de dois avaliadores, foi possível compreender suas percepções relacionadas à falta de acesso à internet dificultar na realização da proposta formativa.

Segundo a avaliadora A5, "a carga horária indicada no guia se aproxima bastante do tempo de realização das tarefas durante a formação; no entanto, em locais com dificuldade de acesso à internet e falta de artefatos tecnológicos, isso pode inviabilizar a formação. Em casos em que professores tenham dificuldades em manusear as tecnologias, isso pode alterar o cronograma inicial da formação e até desmotivar o professor em desenvolver o uso desses recursos em sala". Nesses aspectos, concordamos com a avaliadora, pois em grande parte a usabilidade do produto depende de conexão com a internet; quanto à duração das atividades, orientamos ao formador uma estimativa de carga horária total aproximada de oito horas, podendo sofrer alterações de acordo com o andamento das atividades.

Outra consideração salutar foi a destacada pelo avaliador A3; segundo ele: "O único entrave, mas que foge à própria proposta do produto educacional, é quando ele for inserido em um ambiente educacional que não disponha da tecnologia com aparelhos com acesso à internet, quer para professores, quer para estudantes. Nesse âmbito, dar ênfase, em determinado ponto da introdução, como à revelia desses entraves a cultura digital aos poucos se estabelecerá, bem como quais as alternativas que o próprio produto educacional sinaliza; podem sugerir formas de lidar com esse aspecto imediato". Concordamos com as considerações expostas pelo avaliador e acrescentaremos a observação relacionada aos entraves existentes.

Por fim, a quarta seção, a Dimensão 3: Aplicação do produto relacionou-se ao potencial de facilidade de acesso e compartilhamento que o guia formativo possui para sua utilização de forma integral e/ou parcial em diferentes sistemas.

Na visão dos avaliadores, praticamente todos os itens sugeridos foram vistos com concordância com relação aos seus fins conforme demonstra o Quadro 5. Um dos avaliadores (A8) fez uma observação relacionada à utilização do guia formativo na educação infantil, todavia, mesmo que alguns recursos indicados no produto não sejam apropriados nessa etapa da educação básica, nada o impede de participar, haja vista a proposta formativa ser direcionada ao profissional da educação para sua qualificação pessoal.

Quadro 5 – Visão geral da Dimensão 3: Aplicação do produto

DIMENSÃO 3 – APLICAÇÃO DO PRODUTO	OPÇÕES DE RESPOSTA		
	D	CEP	C
A aplicação do produto educacional auxilia o docente na mediação do conhecimento acerca das tecnologias digitais, tornando assim os conteúdos mais significativos e integrados.		1	9
A criação de um site facilita o acesso dos recursos disponíveis no produto educacional.		1	9
O produto educacional é de fácil acesso possibilitando sua utilização em formato impresso ou digital.			10
As atividades propostas nos encontros formativos são convenientes aos temas apresentados.			10
O produto educacional pode ser utilizado por docentes que atuam em qualquer nível da educação básica.		1	9
D: Discordo; CEP: Concordo em parte; C: Concordo.			

Fonte: Formulário de Avaliação do Produto (2023)

No campo destinado às sugestões, algumas considerações específicas da dimensão avaliada foram descritas, conforme quadro a seguir:

Quadro 6 – Apreciação dos avaliadores — Dimensão 3

AVALIADOR	COMENTÁRIOS
A9	As reflexões realizadas na dimensão 3 apresentam o potencial do produto quanto ao acesso e compartilhamento deste de forma eficaz por apontar caminhos que apresentam informações adequadas para a mediação do conhecimento acerca das tecnologias digitais, tornando assim os conteúdos mais significativos e integrados.
A8	Penso que o produto atende bem à dimensão de aplicação. Justifico a reposta ao item "O produto educacional pode ser utilizado por docentes que atuam em qualquer nível da educação básica", pois me parece que alguns recursos não serão tão utilizados em etapas como a educação infantil.
A1	O produto educacional é de fácil acesso aos seus futuros professores formadores, uma vez que é disponibilizado em formato pdf. Isso torna sua divulgação eficiente.

Fonte: Formulário de Avaliação do Produto (2023)

A última pergunta que integra o instrumento de avaliação do produto educacional foi assim formulada: Você indicaria o produto educacional "Cultura Digital em Ação" para ser utilizado na formação continuada em serviço de profissionais da educação?

Todos os avaliadores foram unânimes em responder que sim, vejamos a seguir algumas das considerações:

"Sim, recomendo o produto educacional para professores. Neste contexto do uso de tecnologias em sala de aula e da nova disciplina do ensino médio intitulada "Cultura Digital", este guia se apresenta como uma formação essencial para professores terem contato com tecnologias digitais."

"Certamente a leitura e tomada de conhecimento deste produto educacional colaborarão para a formação continuada em serviço, visto que muitos docentes não possuem conhecimentos mínimos sobre o assunto abordado neste guia."

"Sim, pois apresenta orientações que hoje se mostram indispensáveis ao profissional da educação, tal como a habilidade de gravar, editar e postar videoaulas."

"O compartilhamento das informações contidas neste Produto Educacional em forma de Guia Formativo intitulado "Cultura Digital em Ação" faz-se necessário por auxiliar o docente na mediação do conhecimento e assim facilitar o acesso aos diversos recursos tecnológicos disponíveis."

"É uma excelente proposta e iniciativa. Precisamos cada vez mais de materiais que possam contribuir com a formação continuada do professor. O guia foca um tema de grande relevância para a prática do professor."

4.7 Contribuições dos resultados avaliados

O produto educacional "Cultura Digital em Ação" é um guia formativo que visa auxiliar professores na incorporação da cultura digital em suas práticas pedagógicas por meio de orientações e recursos para a formação continuada em serviço. A avaliação preliminar realizada por comitê *ad hoc* revelou aspectos positivos que podem contribuir para a versão final do produto.

A avaliação realizada destaca diversos pontos positivos do produto. O avaliador A6 ressalta a pertinência do guia, destacando sua capacidade de promover a reflexão na prática docente. Já o avaliador A5 menciona a diversidade de conteúdos relacionados às tecnologias digitais apresentadas no guia, o que permite ao professor ampliar suas metodologias de ensino e enriquecer sua prática em sala de aula, incentivando a diversificação e a inovação pedagógica.

O design intuitivo e a organização dos conteúdos são elogiados pelo avaliador A7, indicando que o produto foi desenvolvido levando em consideração as necessidades e facilidades de uso do público-alvo. O avaliador A4 destaca a importância da reflexão sobre a cultura digital no processo de formação docente, proporcionando uma formação mais abrangente e atualizada.

Porém, o avaliador A8 sugere um maior detalhamento teórico sobre a contribuição da cultura digital para as práticas pedagógicas, buscando fornecer aos professores uma base sólida e clara sobre como a cultura digital pode impactar positivamente suas práticas de ensino. Além disso, o referido avaliador A8 também destaca que o produto auxilia mais na elaboração de práticas pedagógicas do que na criação de tecnologias digitais, sugerindo a necessidade de comunicar de forma mais clara a proposta do produto.

A sugestão do avaliador A3 é enriquecer o conteúdo do produto, abordando a relação das diferentes gerações com a tecnologia e seus impactos na apropriação da cultura digital, proporcionando assim uma visão mais abrangente e contextualizada. A contribuição do avaliador A9 destaca o potencial do produto em promover o acesso e o compartilhamento eficaz do conhecimento sobre as tecnologias digitais, tornando os conteúdos mais abrangentes e integrados.

No que se refere à sua aplicação, o avaliador A8 acredita que o produto atende bem a essa questão, mas ressalta a necessidade de considerar as particularidades de diferentes etapas da educação básica, como a educação infantil. Por outro lado, a contribuição de A1 destaca a facilidade de acesso ao produto, que está disponível em formato PDF, tornando a divulgação e disseminação mais eficiente e permitindo que os professores formadores tenham acesso rápido e prático ao material.

Em resumo, a análise dos avaliadores destaca que o guia formativo "Cultura Digital em Ação" possui aspectos positivos, como a pertinência, a diversidade de conteúdo, o design intuitivo e a reflexão sobre a importância da cultura digital.

Considerando as contribuições dos avaliadores, pode-se inferir que o produto educacional "Cultura Digital em Ação" é bem avaliado em termos de pertinência, diversidade de conteúdo, design intuitivo e aplicação. No entanto, existem oportunidades de melhoria identificadas pelos avaliadores, que incluem o embasamento teórico, abordam a relação entre gerações e tecnologia, adaptam o produto aos diferentes níveis da educação básica e aprimoram a comunicação da proposta do produto.

Essa análise abrangente das contribuições dos avaliadores fornece *insights* valiosos sobre o desempenho do produto educacional "Cultura Digital em Ação" e destaca seus pontos fortes e áreas que podem ser aprimoradas. Com base nessa avaliação, estratégias podem ser traçadas para melhorar o produto, considerando as perspectivas dos especialistas e visando proporcionar uma experiência de aprendizagem mais enriquecedora e significativa para os professores formadores. A implementação desse produto educacional tem o potencial de promover mudanças na prática pedagógica dos profissionais da educação, confiante em uma formação continuada em serviço mais reflexiva.

CONSIDERAÇÕES FINAIS

A pesquisa evidencia que o desenvolvimento de ações formativas voltadas para a apropriação da cultura digital no contexto do Novo Ensino Médio é de extrema importância para o sucesso das instituições educacionais diante das transformações implementadas pela Lei 13.415/2017 na última etapa da educação básica.

O estudo revela que os docentes precisam buscar constantemente novas abordagens e metodologias que aprimorem sua prática em sala de aula, a fim de acompanhar as mudanças ocorridas na educação. A implementação da cultura digital entre os professores é um desafio que precisa ser superado, e as instituições de ensino desempenham um papel crucial na promoção da ressignificação da prática docente.

Nesse sentido, as instituições de ensino devem proporcionar práticas formativas que abordem conhecimentos pedagógicos e metodologias ativas, preparando os educadores para lidar com as rápidas transformações e o avanço da tecnologia digital no contexto escolar.

É importante reconhecer que existem desigualdades no uso e acesso às tecnologias digitais, o que pode impactar o desenvolvimento da cultura digital. No entanto, as escolas podem adotar estratégias que valorizem essa competência de acordo com suas possibilidades técnicas e operacionais, buscando minimizar essas disparidades.

Ressignificar o trabalho docente e tornar a sala de aula um ambiente mais dinâmico são desafios significativos. Isso requer a intervenção das instituições educacionais e dos órgãos responsáveis pelas políticas públicas, bem como a ampliação de programas de formação continuada e investimento em pesquisas que abordem as questões relacionadas ao trabalho docente.

A pesquisa resultou na criação do guia formativo "Cultura Digital em Ação", que se mostrou um instrumento orientador para práticas formativas pedagógicas, contribuindo para o desenvolvimento da cultura digital entre os professores do ensino médio, em conformidade com a implementação da Lei 13.415/2017.

O guia formativo foi avaliado por um comitê de profissionais da educação, que reconheceu suas contribuições para a aprendizagem docente e a promoção de práticas formativas no ambiente de trabalho dos professores.

Esta pesquisa contribui para a formação de profissionais proativos, capazes de atuar como coparticipantes no desenvolvimento de um ensino de qualidade, adotando uma postura crítica e investigativa diante dos desafios enfrentados na prática docente.

Com a disseminação de práticas formativas em serviço, busca-se promover uma educação mais alinhada com as demandas da sociedade digital, preparando os docentes para as mudanças tecnológicas digitais.

REFERÊNCIAS

AMAZONAS. Secretaria de Estado de Educação e Desporto. **Proposta curricular pedagógica do ensino médio**. Manaus: 2021. Disponível em: https://www.sabermais.am.gov.br/pagina/novo-ensino-medio-amazonas. Acesso em: 5 de jul. 2023.

ALVES, M. F.; RODRIGUES, A. C. S.; VERÍSSIMO, M. L. S. **Ensino Médio**: o que as pesquisas têm a dizer? Subsídios para consulta pública. Rio de Janeiro: Associação Nacional de Pós-Graduação e Pesquisa em Educação. Disponível em: https://www.anped.org.br/news/anped-entrega-ao-mec-relatorio-final-sobre-ensino-medio-partir-de-pesquisas-e-seminarios. Acesso em: 5 jul. 2023.

BACICH, L.; MORAN, J. (org.). **Metodologias ativas para uma educação inovadora**: uma abordagem teórico-prática. São Paulo: Penso, 2018.

BARDIN, L. **Análise de conteúdo**. São Paulo: Edições 70 Brasil, 2016.

BNCC na prática: ensino médio. 1. ed. São Paulo: FTD, 2020.

BRASIL. **Lei n.º 13.415, de 16 de fevereiro de 2017**. Brasília, DF, 2017a. Disponível em: http://www.planalto.gov.br/ccivil_03/_ato2015-2018/2017/Lei/L13415.htm. Acesso em: 20 ago. 2022.

BRASIL. **Base Nacional Comum Curricular — BNCC**. Brasília: MEC, 2017.

BRISKIEVICZ, D. A.; STEIDEL, R. (org.). **O novo ensino médio**: desafios e possibilidades. 1. ed. Curitiba: Appris Editora, 2018.

CASTELLS, M. **A sociedade em rede**. São Paulo: Paz e Terra, 1999.

FARIA FILHO, L. M. de. Escolarização e cultura escolar no Brasil: reflexões em torno de alguns pressupostos e desafios. *In*: BENCOSTA, M. L. (org.). **Culturas escolares, saberes e práticas educativas**: itinerários históricos. São Paulo: Cortez, 2007. p. 146-147.

FERREIRA, M. de M.; PAIM, J. H. (org.). **Os desafios do ensino médio**. Rio de Janeiro: FGV Editora, 2018.

GIL, A. C. **Como elaborar projetos de pesquisa**. São Paulo: Atlas, 2010.

GOMES, J. F. **A tecnologia na sala de aula**. Novas tecnologias e educação... Porto: Biblioteca Digital da Faculdade de Letras da Universidade do Porto, 2014.

GONZAGA, A. M. **Formação de professores no ensino tecnológico**: fundamentos e desafios. 1. ed. Curitiba: CRV, 2015.

IMBERNÓN, F. **Formação docente e profissional**: formar-se para a mudança e a incerteza. 9. ed. São Paulo: Cortez, 2011.

KUENZER, A. Z. Trabalho e Escola: a flexibilização do ensino médio no contexto do regime de acumulação flexível. **Educação e Sociedade**, Campinas, v. 38, n. 139, p. 331-354, abr./jun. 2017.

MARASTONI, J. **Múltiplas competências para os profissionais da educação**. 1. ed. Curitiba: Iesde Brasil, 2014.

MORAN, J. M. **A educação que desejamos**: novos desafios e como chegar lá. Campinas: Papirus, 2007.

MORAN, J. M.; MASETTO, M. T.; BEHRENS, M. A. **Novas tecnologias e mediações pedagógicas**. 21. ed. Campinas: Papirus, 2013.

MORAN, J. M. Como utilizar a Internet na Educação. **Ciência da Informação**, [s. l.], v. 26, n. 2, maio 1997. Disponível em: www.scielo.br/pdf/ci/v26n2/v26n2-5.pdf. Acesso em: 2 jan. 2022.

NÓVOA, A. Para uma formação de professores construída dentro da profissão. **Revista Educacional**, 2009. Disponível em: http://www.revistaeducacion.educacion.es/re350/re350_09por.pdf. Acesso em: 7 set. 2020.

OLIVEIRA, M. M. de. **Como fazer pesquisa qualitativa**. Petrópolis: Vozes, 2007.

PEREIRA, W. J. A Base Nacional Comum e o Novo Ensino Médio brasileiro: breve histórico e principais impactos. *In*: FERREIRA, M. de M.

F.; PAIM, J. H. (org.). **Os desafios do ensino médio**. Rio de Janeiro: FGV, 2018. p. 15-24.

RIZZATTI, I. M.; MENDONÇA, A. P.; MATTOS, F.; RÔÇAS, G.; SILVA, M. A. B. V.; CAVALCANTI, R. J. S.; OLIVEIRA, R. R. Os produtos e processos educacionais dos programas de pós-graduação profissionais: proposições de um grupo de colaboradores. **Actio Docência em Ciências**, Curitiba, v. 5, n. 2, p. 1-17, ago. 2020.

SANTOS, C. R. dos; SBRUSSI, M. de P. B. P.; NEVES, V. L. S. (org.). **BNCC em debate**: como fica a docência? Curitiba: CRV, 2019.

SOUSA, R. P; MOITA, F. M. C. S. C; CARVALHO, A. B. G. (org.). **Tecnologias digitais na educação**. Campina Grande: EDUEPB, 2011.

THIOLLENT, M. **Metodologia da pesquisa-ação**. São Paulo: Cortez; Autores Associados, 1986.

TRIVIÑOS, A. N. S. **Introdução à pesquisa em ciências sociais**: a pesquisa qualitativa em educação. São Paulo: Atlas, 1987.

VEIGA, I. P. A. **A aventura de formar professores**. Campinas: Papirus, 2009.

VILELA, P. R. MEC: consulta sobre Novo Ensino Médio recebeu 150 mil respostas. **Agência Brasil**, 7 jul. 2023. Disponível em: https://agenciabrasil. ebc.com.br/educacao/noticia/2023-07/mec-consulta-sobre-novo-ensi-no-medio-recebeu-150-mil-respostas. Acesso em: 2 ago. 2023.

VIÑAO FRAGO, A. A história das disciplinas escolares. **Revista Brasileira de História da Educação**, [s. l.], n. 18, set./dez. 2008.

VIÑAO FRAGO, A.; ESCOLAN, A. **Currículo, espaço e subjetividade**: a arquitetura como programa. Tradução de Alfredo Veiga Neto. 2. ed. Rio de Janeiro: DP&A, 2001.